小小百科 1

動物星球

編者的話

地球上有形形色色、千奇百怪的動物，人類是其中智慧最高的，自然有了解其他物種的好奇心。

本書以哺乳動物為主題，收錄七十七個令人疑惑的問題，依據事實說明，告訴孩子，動物的行為沒有善惡對錯之分，修正如「狼是邪惡的」、「狐狸是狡猾的」、「骯髒是豬的天性」等錯誤的「常識」。

世界上有許多動物因為人類的濫捕、獵殺和環境的過度開發與汙染，正面臨絕種的危機；若不加以保護，不僅我們的後代將只能從照片上認識貓熊、藍鯨等可愛的動物，甚至整個生態系統也將為之丕變。因此，要保護牠們，第一步就是要認識牠們。

本書解答了孩子對於哺乳動物感到好奇的問題，如「兔子的眼睛為何是紅的」、「駱駝為什麼可以在沙漠生活」等，還介紹許多的「哺乳動物之最」同類書籍很少提及，但相當特殊的哺乳動物，如花臉的山魈、大眼睛的駱馬

與表演特技的虎鯨等。本書也澄清一些傳說怪獸的真實面目。

另外，本書附有「名詞注解」、「知識補給站」和「相關單字」等專欄，提供相關知識及延伸學習，讓孩子對哺乳動物有更深入的認識。

相信這是一本適合父母陪孩子一起閱讀、一起成長的書籍，也是孩子獲得知識的優良課外讀物。

目錄

什麼是哺乳動物？

地球上存在著許多生物，包括昆蟲、魚類與哺乳動物等。人是哺乳動物，我們飼養的狗、貓，非洲草原上追逐與被追逐的獵豹與羚羊，也是哺乳動物。究竟要有什麼「資格」才能被稱為哺乳動物呢？

哺乳動物是指用肺呼吸，恆溫的脊椎動物，牠們的身體表面大多覆有毛髮，而且會用乳腺分泌的乳汁哺育下一代。

那麼，哺乳動物是怎麼演化來的？哺乳動物屬於脊椎動物門中的哺乳綱，是從距今大約一億八千萬年前的一種爬蟲類演化來的，所以牠們存在的歷史比恐龍還要悠久。而在距今約六千五百萬年前成為地

球上的優勢動物，也是現今存在的高等動物中，變異最大的一群，包含人類、鯨、象、狗與貓等都是。

多數哺乳動物的體溫在攝氏三十六點七至三十八點九度之間，由於體溫經常保持恆定，所以當外界環境太寒冷時，牠們必須遷徙到溫暖的地方，或是進入冬眠狀態；不過，也有一些哺乳動物需要夏天睡覺的，如生活在沙漠中的地松鼠，在乾熱的夏季裡無法找到足夠的綠色植物為食，就躲在較涼爽且潮溼的洞穴中，整天睡覺，以減少能量的消耗，正好印證我們常說的「夏日炎炎正

名詞注解

恆溫：體溫不隨環境溫度的升降而變化，始終維持一定的溫度。

冬眠：少數動物過冬的方式之一。到了冬天，牠們不吃也不動，到了春天才甦醒，如蛇、龜、蝙蝠、蛙等。

好眠」。

哺乳動物依其生育的方式，可分為三類：第一類是最原始的卵生哺乳動物，如鴨嘴獸與針鼴；二是有袋哺乳動物，胚胎在媽媽的子宮裡發育一段時間後，便移到育兒袋中，直到發育完全才出來活動，這類的代表如袋鼠與負鼠等。

▲ 有袋哺乳動物——負鼠。

第三種則是有胎盤的哺乳動物（大多數的哺乳動物都屬此類），胚胎在媽媽的子宮裡藉由胎盤吸收營養，直到發育完全後才被產出（靈長類、鯨、象等均屬此類）。

哺乳動物懷孕期的長短、每胎

所生下的子代數目、生長的快慢以及壽命等，因種類的不同而有差異。如田鼠的懷孕期約二十一天，一胎可生六到八隻小田鼠；相較之下，亞洲象的懷孕期長達二十一個月，而且一次只能生一隻幼象，差異相當懸殊。

知識補給站

臺灣擁有許多種哺乳動物，就單位面積而言，居世界之冠。估計共有七十多種陸生的哺乳動物在臺灣被發現，其中有四十四種是臺灣或亞洲特有的品種。

目前世界上約有四千六百種哺乳動物，為了適應環境，各自發展出獨特的生活模式與構造，形成今日多采多姿的動物世界。

相關單字

- 哺乳動物 mammal
- 哺乳綱 mammalia
- 肺 lung
- 冬眠 hibernation
- 夏眠 estivation
- 恆溫動物 homoiotherm

生物是怎麼分類的？

我們買了飲料與點心，開心的享受一頓美食之後，會將垃圾依它們的性質丟入不同的垃圾桶，這樣不僅環保，也讓清潔人員方便整理。生物學家為了方便辨識動物，也訂定了一套分類的標準。

生物的分類是依照生物分類學的原理與方法，將各種生物命名並且畫分等級。

▲ 瑞典植物學家林奈。

從古至今，人類不斷研究將自然界的生物分類，但總是不夠完善。近代的分類主要奠基於十八世

紀，由瑞典植物學家林奈所建立的二名法與階元系統；其後，經過不斷的修正與擴展，才形成今日生物學家所使用的分類方法。

生物的分類系統有階級之分，從高階到低階分別為界、門、綱、目、科、屬、種，七層基本的單位。原本，林奈只把自然界畫分為植物、動物與礦物三界，然而隨著許多生物相繼被發現，為了分類的需要與正確性，科學家們便將三界擴展為現在的六界，包括真細菌界、古細菌界、原生生物界、菌物界、植物界與動物界。

名詞注解

二名法：林奈利用兩個拉丁名詞，為每個物種取一個學名，第一個是屬名，第二個則是種名。

階元系統：林奈將自然界分為植物、動物與礦物，動植物下分成綱、目、屬、種四級。

那麼，人類所屬的哺乳動物，是怎麼分類呢？哺乳動物屬於動物界脊索動物門哺乳綱，以下再分成二十一個目，也有人分成二十六個目，目之下再分成許多的科、屬、種。因此，下次聽到有人說臺灣獼猴是屬於靈長目獼猴科時，可別以為那是學校學科的名字。

至於人，和猴子一樣，屬於靈長目，然而歸於人科，人屬，智人種中。

知識補給站

植物學家林奈從小喜歡研究花草，他是世界上第一位專教植物學的教授。在高中時，生物全班第一名，可是卻因語文與哲學倒數第一名而被退學。

相關單字

- 生物分類學 taxonomy
- 林奈 Carolus Linnaeus
- 界 kingdom
- 門 phylum
- 綱 class
- 目 order
- 科 family
- 屬 genus
- 種 species

為什麼有些哺乳動物的眼睛不長在臉的正面？

你注意到了嗎？虎、獅、狼、豹、狗等肉食性動物的眼睛，都長在臉的正面，但牛、羊、馬等草食性動物的眼睛，卻長在臉的兩側，這是為什麼？

這種有趣的不同構造，主要原因在於這些動物的生活習性。大多數肉食性動物，都是積極、主動進攻的掠食者，一旦發現獵物，就會迅速的追捕；此時除了要有強健的肌肉、銳利的牙齒，還需要一雙炯炯有神的眼睛，才能快速鎖定目標，準確測出獵物的距離；因此，牠們的眼睛長在臉的正面，利於追捕獵物。

至於個性溫和、吃素的草食性動物，牠們常是肉食性動物眼中的大餐，隨時可能成為被獵捕的對象，因此，牠們的眼睛長在臉部的兩側，這樣視野寬廣，便於發現掠食者的蹤影，及時逃命。

兩種不同的構造，各有不同用途，令人讚嘆造物主的神奇。

▲ 大角羚羊的眼睛長在臉的兩側，利於及時逃命。

▲ 狼的眼睛長在臉的正面，利於追捕獵物。

為什麼牛和羊的嘴巴整天動個不停？

一大早，牧場裡的牛、羊在牧人的指揮下，走到草原上吃草。

牛和羊的嘴巴動個不停，牠們真的很餓嗎？

大家可不要誤會，牛和羊的嘴巴之所以整天動個不停，是因為牠們身體特殊構造的關係。牛和羊的胃一共四個室，就像屋子有四個小房間，分別稱為瘤胃、蜂巢胃、重

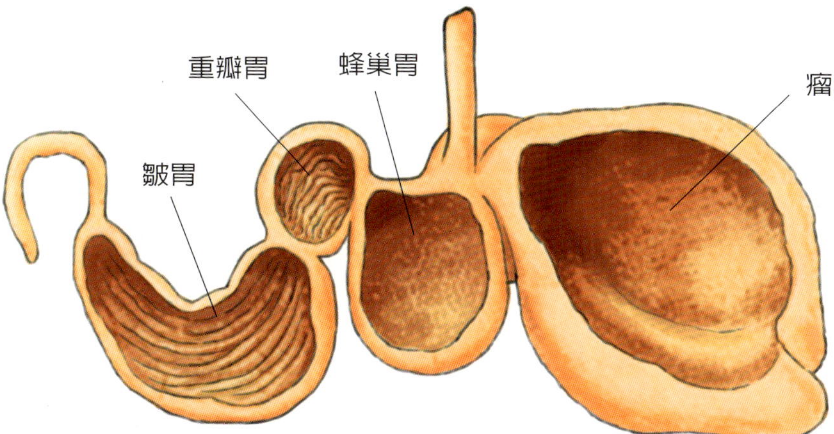

▲ 牛胃的四個室。

瓣胃與皺胃，這四個胃各有不同的作用。

我們知道，牛、羊都是相當溫馴的動物，因此，當牠們在空曠的草原覓食時，除了頭上的角以外，並沒有其他的東西或遮蔽物可保護牠們免受肉食性動物的攻擊。因此，牠們不能好整以暇的品嘗青草的滋味，但是牠們也不想狼吞虎嚥的，因為那樣會讓牠們消化不良。

所以，當牠們吃草時，會先匆匆將草吞下

▼ 嘴巴動不停的牛。

，儲存到體積最大的瘤胃，讓其中的液體將青草泡軟。那些食物發酵後進入蜂巢胃，由蜂巢胃送回嘴裡慢慢咀嚼。食物咬得更細碎後，送到重瓣胃與皺胃，進行消化，這整個過程，稱為「反芻」。會將吞進肚子的食物重新咀嚼的動物，就稱為「反芻動物」。

動物界不只牛與羊會進行反芻的動作，駱駝與鹿也是反芻動物，不過，牠們的胃比牛和羊少一個室。

知識補給站

從反芻動作可以看出牛健康不健康。通常，牛每半小時反芻一次，一個晚上反芻四到八次；可是，生病時反芻會不正常，甚至沒有反芻動作。

相關單字

- 牛 cattle
- 綿羊 sheep
- 胃 stomach
- 瘤胃 rumen
- 蜂巢胃 honeycomb tripe
- 重瓣胃 omasum
- 皺胃 abomasum
- 反芻動物 ruminant

為什麼牛看到紅色的東西會發怒？

鬥牛是西班牙傳統的運動之一，鬥牛場上，勇敢的鬥牛士晃動一塊紅布，讓眼中已噴出怒火的牛來回奔馳，過程驚險萬分。

你是否好奇，為什麼平常溫和的牛這麼討厭紅色？

其實，不只紅色的東西會刺激牛的情緒，只要拿著任何顏色的東

▼鬥牛場上被激怒的牛。

西在牛的面前晃動，都會使牛大發雷霆而衝向你。牛是色盲，眼中只有黑、白、灰三種顏色，因此，即使鬥牛士拿不同顏色的布晃動，這些受過特別訓練的鬥牛，情緒一樣容易激動。事實上，在鬥牛場，也有鬥牛士拿不同顏色的布，如黃色、綠色等來鬥牛。

知識補給站

近年來，許多動物保護團體譴責鬥牛過於殘忍，認為牛是感情豐富的動物，要求禁止鬥牛運動，巴塞隆納因此成為第一個禁止鬥牛的西班牙城市。

因此，下次看到牧場上的牛群悠閒的吃著草，可別太高興而向牠們揮手，牠們可能因此不高興哦！

相關單字

- 鬥牛 corrida
- 色盲 color blindness
- 鬥牛士 matador
- 情緒 mood
- 被激怒 get irritated

蝙蝠是鳥類還是哺乳類？

記得那個寓言嗎？蝙蝠向鳥類與哺乳類散播謠言，要破壞牠們之間的感情，最後，鳥類認為蝙蝠是哺乳類，哺乳類卻認為蝙蝠是鳥類，結果蝙蝠交不到朋友，只好躲進漆黑的山洞，孤獨的生活。寓言中沒有告訴我們正確答案，讓我們在這裡揭曉：蝙蝠不是鳥類，也不是昆蟲，而是會飛的哺乳動物。

就動物的分類而言，蝙蝠屬於翼手目蝙蝠科。全世界共有八百種不同的蝙蝠，臺灣就有二十三種。牠們種類之多，高居哺乳動物的第二位。蝙蝠的體型大小有很大的差異，從翼長只有十四公分的豬鼻蝙蝠，到比人還大，長達兩公尺的狐蝠都有。這些蝙蝠大都生長在熱帶地區，主要特徵是那薄得可以看到血管的皮膜，分布在身體主要部位。

蝙蝠喜歡群居，每平方公尺可達三千隻之多，原因除了可一起分享食物外，小蝙蝠聚在一起也比較安全。

過去，人類常把蝙蝠視為邪惡

▼我和你一樣，也是哺乳類。

的動物，連吸血鬼也化身成蝙蝠，到處吸人血；不過，會吸血的蝙蝠畢竟少數，大部分的蝙蝠以花粉、水果、昆蟲與小動物作為食物。然而，吸血蝙蝠常帶有病菌，因此，對人類與牲畜常造成傷害。

蝙蝠是天生的飛行好手，在黑暗中飛行也不會撞到物體，因為牠們有一套良好的聲納系統，可以發出超音波，利用產生的回音得知物體的大小與距離；即使有人敲鑼打鼓、製造噪音，牠依然不受影響。

蝙蝠的壽命相當長，可活到三十歲左右。牠們到六、七歲才算成熟；成熟後，每年只生一隻小蝙蝠

相關單字

- 蝙蝠 bat
- 群居 gregarious
- 飛翼 wing
- 聲納 sonar
- 回音 echo

蝙蝠為什麼倒吊著休息？

下課時，小朋友喜歡到操場玩單槓，看誰拉最多下；不過，也有人喜歡學蝙蝠，倒吊在單槓上。然而，沒多久，倒吊者卻會覺得腦充血而受不了。頭昏腦脹之餘，不禁佩服蝙蝠：牠怎麼能撐那麼久？

不必太佩服。蝙蝠所以倒吊，自有牠不能抗拒的原因。因為牠身上包裹著一層薄膜，這層薄膜連著四肢，使得牠又短又小的後腳不能站立；一旦站立，薄翼拖地，這麼一來，

▲ 倒吊著休息的蝙蝠。

只能趴在地上慢慢爬行，若是遇到危險，就不能立即反應。因此，蝙蝠利用強而有力的五隻爪子，把自己倒吊在高處或是石壁上，這樣，就可以解決問題。

由於蝙蝠屬於哺乳類動物，體溫保持在攝氏三十三度至三十七度之間，因此，當牠倒吊在高處休息時，為了不讓體溫流失，會用翅膀將全身包住，像睡袋一樣，這樣，就可以安心的睡覺。有些生活在熱帶雨林的蝙蝠，更會將樹葉捲起來當作棉被，睡在裡面呢。誰說蝙蝠不是可愛的動物？

知識補給站

既然蝙蝠倒吊著睡覺，那麼，牠想上廁所時，怎麼辦？不必擔心，牠會用前腳抓住物體，讓頭朝上，屁股朝下，這樣，問題就解決了。

非洲象與亞洲象有何差別？

有長鼻子的象是陸地上最大的哺乳動物。

小朋友大概不知道，象也有國籍之分。雖然牠們不和人類一樣使用身分證，可是從牠們的外表與生活習性，我們就能知道牠是從哪裡來的。

為什麼？原來，全世界的象分為亞洲象與非洲象兩種。顧名思義，亞洲象主要生活在亞洲地區，包括印度、東南亞的中南半島及中國大陸雲南省附近；非洲象則生長在非洲中部、東部與南部。

比較這兩種象，非洲象的體型一般比亞洲象來得大，耳朵也比亞洲象大得多。目前紀錄上最大的非洲象，高接近四公尺，全長約十一公尺。此外，亞洲象與非洲象的腳趾個數也不一樣，亞洲象前腳有五趾，後腳有四趾；非洲象前腳則有四趾，後腳有三趾。雌亞洲象不會長象牙，雌非洲象則會長象牙，而且非洲象的象牙有兩個尖端，亞洲象只有一個。此外，這兩種象的鼻子構造也不同，亞洲象的鼻頭只有一個凸起的地方，非洲象則有兩個。亞洲象生長在亞洲茂密的樹林

▼非洲象體型較大。

裡，非洲象則生長在非洲大草原上。

除此之外，據動物學家的觀察，亞洲象的性情比非洲象來得溫馴。不過，這兩種象都是感情豐富的動物，若有同伴受傷，會將牠夾在中間一起行走；小象走不動時，會把牠攙扶起來。

▲ 亞洲象比較溫馴。

令人驚訝的是，牠們的記憶力很好，人類若對牠們好，十年之後再見面，牠們還會親密的向你撒嬌，你說可愛不可愛？

相關單字

- 亞洲象 Asiatic elephant
- 非洲象 African elephant
- 象牙 ivory
- 象鼻 trunk

象的鼻子有什麼作用？

象除了尖尖的象牙，最大的特徵就是長長的鼻子，尤其亞洲象，是世界上鼻子最長的動物。牠們的鼻子那麼長，究竟有何作用？

原來，象鼻不只具有一般呼吸的功用，它結合了鼻與上唇，將兩個器官合而為一，用來碰觸、緊握與聞東西，就像人的手一樣，非常方便。象的鼻子強而有力，可以將十幾公升的水吸起，而後用力噴射

▲長長的象鼻具有多種功能。

出來。住在東南亞的人們利用象柔軟可彎曲的鼻子，幫助他們拔起樹木與搬運木頭。

然而，別看象鼻這麼粗大，就認為牠只能做粗工，幹不了細活。象的鼻尖有一個或兩個凸起的地方，像人的手指一樣，可以夾起細小的東西，如花生米、葡萄等。

當我們潛入水中，被水嗆到時，那種感覺可不好受；那麼，象會不會也有這個問題？不必擔心，象的鼻腔與食道相通的地方有一塊軟骨，當牠們喝水時，會先用軟骨把氣孔蓋住，這樣，就不會讓水跑進鼻孔與肺部。

知識補給站

長久以來，許多人都以為象很怕老鼠跑進鼻孔，鑽進腦袋，把大腦吃掉，事實上，這是沒有科學根據的；相反的，老鼠看到象，可都是落荒而逃呢！

犀牛頭上的角是怎麼形成的？

一般說來，牛都會長角。平常，我們看到的牛角都和耳朵一樣，長在頭的兩側，但犀牛很特別，牠的角長在頭骨中間，這是為什麼？

犀牛屬於奇蹄目動物，牠們早在六千萬年前就出現在地球上，當時，牠們是陸地上最大的動物，而

▲ 犀牛頭上的角使牠們遭到獵殺。

且種類繁多，大約有一百七十種；然而，目前只剩下白犀牛、黑犀牛

、蘇門達臘犀牛、印度犀牛與爪哇犀牛五種，其中又以黑犀牛和白犀牛較為人們熟知。

若要從皮膚的顏色分辨黑犀牛與白犀牛，基本上是有困難的，因為牠們都喜歡在泥地裡打滾，弄得全身灰灰的。要分辨牠們，可從幾項特徵觀察：黑犀牛喜歡吃樹枝上的葉子，白犀牛則是吃地面的草。黑犀牛的上嘴脣有一個凸起的尖端，因此又稱為尖嘴犀牛；白犀牛的上脣則是方形，因此又稱為方嘴犀牛。白犀牛的性情比黑犀牛溫馴。

犀牛是世界上瀕臨絕種的動物之一，主要原因是人們覬覦牠們頭上那兩隻角。過去，人們大量獵殺牠們，割取牠們的角。在中國，犀牛角被認為有清熱解毒、強健體魄的功效；在其他地方，牠的角也和象牙一樣，經過雕刻或處理後，成為昂貴的裝飾品。牠們的角不像其他牛群的角，沒有和骨頭連在一起。犀牛角是鼻骨上的表皮細胞角質化後所堆積形成的；因此，獵人鋸斷犀牛角時，犀牛並不會感到疼痛。

知識補給站

中國古代也曾出現多種犀牛，人們認為犀牛全身上下都是珍貴的藥材，因此大量獵殺。一九二二年以後，人們即不再於中國看到犀牛。

犀牛的角既不是用來吸引母犀牛，也不是用來互相攻擊，而是當牠們遭遇危險時，用來抵抗敵人。牠們會將尖角面對敵人，然後以四十五公里的速度向前衝，撞擊力相當驚人。

相關單字

- 犀牛 rhinoceros
- 犀牛角 rhinoceros horn
- 細胞 cell

為什麼有人說犀牛的脾氣很壞？

和牛、羊、馬一樣，犀牛是草食性動物，因此，牠不會像獅子、老虎一樣，主動攻擊其他動物；可是，有時候我們會看到犀牛莫名其妙的主動攻擊觀賞牠們的人類，這是為什麼？

答案揭曉，原來犀牛天生就是大近視眼，對於周遭的事物無法看得很清楚。所幸牠們有絕佳的嗅覺與聽覺，因此，當牠們低頭吃草時，只要四周有任何風吹草動，牠們就會像盲劍客一樣嚴陣以待，準備應戰。因此，犀牛吃草時，若是你進去打擾牠，牠可是會不分青紅皂白的以超過一噸半的身軀衝向你。

另外一個令犀牛瘋狂的原因是，犀牛的皮膚有許多小皺摺。之前曾提過，牠們的皮膚血管很多，常孳生寄生蟲或吸引吸血昆蟲來覓食，這些生物一旦啃咬，可是令犀牛受不了，因此，會跑到泥漿裡打滾。可是，有時候即使泡過泥漿浴，被寄生蟲叮咬的刺痛感仍存在的話，犀牛就會像小孩一樣大發雷霆，氣得大聲吼叫，不斷的抖動巨大的身軀，在泥漿裡猛烈打滾，像發瘋一樣。

當犀牛的壞脾氣發作時，連象（陸地上最大的動物）及有「萬獸之王」之稱的獅子，都要退避三舍。犀牛的壞脾氣既然這樣有名，牠豈不是交不到朋友？這倒不必替牠操心，大家應該注意到犀牛背上經常停著像畫眉的鳥，這種鳥就是我們常說的犀牛鳥，牠可以幫犀牛清理皮膚上的寄生蟲與吸血昆蟲。同時，若有敵人在犀牛的下風處蠢蠢欲動，

犀牛背上的犀牛鳥。

犀牛鳥會緊張的上下飛個不停，以警告牠的好朋友；這種共生共存的情形，在動物界中經常看到，生物學家稱之為「共生」。

相關單字

- 視力 sight
- 寄生蟲 parasite
- 吸血昆蟲 blood-sucking insect
- 共生 symbiosis

為什麼象與犀牛洗澡後，還要往身上塗抹泥沙？

我們知道，每天洗澡，無非是想把一天下來，身上的汗水與汙垢洗掉。洗完澡的感覺，既清爽又舒適。可是，象與犀牛卻不一樣，多數生活在熱帶地區的牠們，雖然也喜歡泡在水裡，涼快一下，但是離開水後，牠們常把泥沙往身上灑，或是在泥漿裡打滾，讓身體裹上一層厚厚的泥漿。好奇怪，這樣不是變得更髒嗎？

其實，這種對人類而言十分矛盾的行為，對象與犀牛等動物來說卻是必要的，因為牠們的皮膚雖然很厚，甚至連一般的手槍子彈都無法射穿，可是在牠們的皮膚皺摺之

間，有許多十分嫩薄的地方，只要用普通的縫衣針就可刺入，這是牠們的弱點之一。

熱帶地區往往有許多吸血昆蟲，如蚊子、虻與螫蠅等，牠們的嘴——口器——十分厲害，特別喜歡鑽進象、犀牛等大型溫血動物的皮膚皺摺間叮咬，使得牠們渾身又疼又癢，所以，在吸血昆蟲數量特別多的地區，有些動物是根本無法生活的。

此外，根據科學家們的研究顯示，溫血動物在沐浴後，皮膚的血管會比平常擴張許多，而且會發出一種容易招來吸血昆蟲的氣味，所

相關單字

- 熱帶 tropics
- 昆蟲 insect
- 蚊子 mosquito
- 象 elephant
- 溫血動物 warm-blooded animals

以會引來更多吸血昆蟲。

因此，象與犀牛離開水中後，為了避免招來更多吸血昆蟲的叮咬，只好把泥沙往身上灑，或是在身上塗上泥漿；因為剛離開水面，皮膚還很潮溼，才容易黏住泥沙，這樣，就可以保護皮膚皺摺間的嫩皮。這麼看來，天然的泥沙與泥漿，可說是動物們的「防蚊液」呢！

▼泥漿一抹，蚊蟲無法近身

在野外遇到熊，裝死有用嗎？

你是否曾聽人說：遇到熊時，躺在地上裝死就沒事了。真的嗎？

熊屬於食肉目中的熊科，以臺灣黑熊為例，牠們生活在海拔一千五百到二千五百公尺的高山，是獨居的動物，對於食物也葷素不忌，屬於雜食性動物。

既然如此，那麼，人裝死有用嗎？答案是：一點用處也沒有。若是有人用這種方法，恐怕無法回來告訴我們是否有效。因為有些熊會吃死屍，所以千萬不要以裝死騙牠們。

另外一個流傳已久的方法是躲到樹上，這也是錯誤的說法，因為

▲ 遇到熊時，可別裝死哦！

熊雖然笨重，卻是個爬樹高手，有時還會因為想吃樹上的蜂巢而爬到樹上摘蜂窩呢！

那麼，遇到熊時到底要怎麼辦？事實上，若是沒有立即的危險，就安安靜靜的走開，井水不犯河水，熊也不會專找人麻煩。

若是在熊常出沒的山區，可以沿路大聲呼喊，或是敲敲鍋、盆等物品，讓動物們知道人來了，害羞的牠們自然會躲開。真的面對面遇到熊要攻擊時，除了盡量抵抗，讓熊受傷，知難而退外，另外一種就是「三十六計，走為上策」。

知識補給站

遇到熊時必須趕快逃命，不過，逃跑是有技巧的，因為熊的後腿比前腿長，因此，走下坡會比上坡困難；所以逃跑時，最好是往下坡狂奔。

有北極熊，為什麼沒有「南極熊」？

北極熊是北極地區最大型的肉食動物，牠們身上有一層厚厚且中空的雪白毛皮，使牠們可以抵抗北極寒冷的氣候。

北極熊是因為生長在北極，才這麼稱呼牠，很奇怪，從來沒聽說有南極熊這種動物，或是南極有北極熊出沒。

事實上，北極熊只在北極地區出現，南極並沒有北極熊。這是因為兩億年前，所有的

▲模樣可愛的北極熊。

大陸都是連接在一起，包括南極洲在內。這塊學者稱之為「泛大陸」或「盤古大陸」的陸地，在約一億五萬年前，因為板塊運動而四分五裂，南極洲漂呀漂的，愈來愈遠，終於在約六千五百萬年前，到今天的大約位置。

動物學家考證熊的來源，大約二千二百萬年前，才開始出現熊的祖先。這時，南極大陸早已與其他陸地分開，除非熊是游泳高手，否則，牠們根本無法到南極，所以，南極就沒有北極熊的蹤影。

相對於北極有北極熊為象徵動物，南極也有可愛的企鵝作為代表。

相關單字

- 北極熊 polar bear
- 肉食動物 carnivore
- 泛大陸 pangaea
- 企鵝 penguin

為什麼北極熊有各式各樣的睡姿？

一般生活在野外的動物都有固定的睡姿，幫助牠們對外面環境的改變做出最快的反應。例如狗會將鼻子放在前腳裡，馬站著睡覺等。很奇怪，北極熊是動物界中睡相最多的一種動物，有時四腳朝天，有時臀部翹起，有時只要把頭倚在冰塊上就能呼呼大睡，這是為什麼？

原來，北極熊是北極地區最大的肉食動物，在北極的食物鏈中，屬於最高層級的一環，因此，牠們稱霸整個北極地區，除了偶爾在冰上滑倒外，幾乎沒有任何天敵。造物主安排巧妙，把牠放到冰天雪地的極區，以免牠危害到其他生物。

正因為北極熊在北極逍遙自在，牠睡覺時就不必太提高警覺，因此，可以大剌剌的擺出各種舒適的睡姿。不過，別以為可以趁牠們睡覺時捉弄牠們。牠們的冬眠不像其

▲ 睡姿千奇百怪的北極熊。

他動物一直沉睡，而是處於半夢半醒之間，遇到狀況就會馬上醒來，因此，科學家稱這種冬眠為「局部冬眠」或「冬睡」。

最近的研究更指出，北極熊不僅會冬眠，還會在夏天睡大覺呢！

為什麼貓從高處掉下來不會受傷？

四年一度的動物奧運比賽又來臨了。體操項目，貓科動物派出自奧運開辦以來都拿冠軍的貓參加比賽。只見牠氣定神閒，在空中做出完美的三百六十度翻轉後，安安穩穩的落到地面，頓時全場報以熱烈的掌聲，評審毫無異議的給予滿分。又是貓奪得金牌！

▲看我如何保持平衡！

為什麼貓這麼厲害，從高處落下能安穩的回

到地面？這，要從貓的身體構造與習性說起。貓喜歡跳上跳下，攀高爬低，因此，牠的平衡感天生比其他動物來得好。當牠從高處落下，失去平衡時，牠的眼睛立刻感覺到，耳朵裡的平衡系統會將這個訊息透過內耳神經系統，傳給腦中負責平衡工作的延腦，延腦快速分析該作何反應後，將指令傳送到中樞神經，再傳到脊髓與全身的神經系統，讓四肢的骨骼、肌肉做出回復平衡的動作，為落地時做好準備。

除此之外，貓本身的外部構

名詞注解

延腦：動物的腦主要分為大腦、小腦與延腦。延腦控制人體呼吸、血壓與打噴嚏等反射的中樞。

脊髓：位於動物的脊柱裡，負責傳送訊息至大腦，或是從大腦傳至各部位的指令。

造與動作，也幫助貓在落下時不會受傷。當貓在空中時，會將身體與四肢盡量張開，增加與空氣的摩擦力，緩和落下的速度。貓的腳長有厚厚的一層肉墊，使牠在墜落時既無聲又安全。

事實上，貓平常走路時就經常保持平衡。我們看到貓走在圍牆或是又窄又高的地方，牠長長的尾巴總是豎得高高的，那就是牠用來保持平衡的方法。

但是，貓並非從每個高處落下都不會受傷；若是落下的高度太高，貓即使有九條命，還是有可能受傷的。

相關單字

- 貓 cat
- 平衡感 the sense of equilibrium
- 延腦 medulla oblongata
- 脊髓 spinal cord

貓在排便或排尿前，為什麼要先挖土？

飼養可愛的貓咪，可以讓我們在心情不好時，因為牠對我們撒嬌，心情恢復開朗；同時，也可讓我們多了解貓這種動物。可是，很奇怪，寵物店裡除了賣貓飼料外，也販賣「貓沙」，貓又不吃沙，為什麼需要這種東西？

原來，那是為了讓貓在上廁所時用的。其實，不僅貓有這種動作，動

▲上完廁所，記得蓋土。

物排便後，也會將牠們的排泄物用土掩埋。這，可不是那些動物很愛乾淨又講衛生，而是因為牠們的糞便具有特殊的氣味，在充滿天敵的野生環境裡，為了避免其他肉食性動物嗅到氣味來追蹤牠們，因此，排便之前，先在地上挖個坑，上完後，把它掩埋起來，使氣味消除。這種習慣從牠們的老祖宗傳承到現在，即使現代許多貓都是被飼養在安全的家中，可是這種天生的行為仍然不會改變。

知識補給站

懷孕的準媽媽最好遠離貓糞，因為貓糞裡有一種叫弓形體的寄生蟲，會影響胎兒腦部的健康，可能會導致水痘與視力異常等疾病。

因此，寵物店裡的貓沙可不是給貓咪蓋城堡用的，而是用來作為牠們的洗手間。

如何知道貓的情緒？

我們飼養貓咪，總希望給牠良好的照顧，讓牠快快樂樂。

貓和人一樣，也是感情相當豐富的動物，可是牠無法像人類一樣，會說話來告訴主人牠們的喜怒哀樂，因此，若能透過牠們的肢體語言來了解愛貓的心情，就能更了解貓在想什麼，成為稱職的主人。

▲躺在床上真舒服！

貓的情緒是透過牠身體的幾個部位來表達的，包括尾巴、鬍鬚、耳朵與發出的聲音。當貓感到高興或是滿足時，牠的尾巴會伸直，尾巴末端輕輕的左右搖擺，同時發出「咕嚕咕嚕」的聲音；如果貓對某件事情感到好奇，會用後腳站起來，耳朵向前傾，這時候，尾巴是朝下輕輕搖擺，鬍鬚向前翹，眼睛瞪得大大的；當牠向我們撒嬌時，會繞著我們的腳，用頭不斷的磨蹭，這時，把牠抱起來，輕輕幫牠搔癢，牠會更加喜歡你哦。

▲ 氣死我了！

另外，貓也有情緒低落或生氣的時候。當牠生氣時，會發出「嘶嘶」的聲音，尾巴擺動得非常強烈，兩耳往後貼著頭，全身的毛豎起，並且露出尖銳的牙齒，隨時準備攻擊。若是牠感到不快樂，鬍鬚是向下，眼睛是半開著，很明顯的一臉不高興。

知識補給站

世界貓咪之最：世界最長壽的貓是一隻叫普斯的斑貓，活了二十六歲又多一天。一次生下最多子代的貓是一隻緬甸貓，一次生下十九隻小貓。

動物學家發現，貓可以發出一百多種不同的聲音來表達感情，比狗多了十倍。

相關單字

- 情緒 mood
- 尾巴 tail
- 耳朵 ear
- （動物的）鬍鬚 whisker
- 肢體語言 body language

動物會用表情表達牠們的感受嗎？

當我們開心時，會咧嘴大笑；當我們難過時，會皺眉流淚；當我們生氣時，則會瞪大眼睛，咬牙切齒。這些是人類最常表達內心情緒的方式，但是，我們不禁好奇，其他動物也會有相同的表情嗎？

▲ 我現在的心情很愉快。

雖然童話總是喜歡把動物擬人化，讓牠們有七情六欲，可是動物所呈現的表情

，往往不是牠們內心真正的感受。過去，人類認為動物並不會用哭、笑來表達情感，可是，近年來的研究指出，狗是有表情的。

有些狗在高興時，會露出牙齒而笑，同時眼睛明亮有神；當然，牠們在憤怒時，也會露出牙齒，甚至嘴張開，連犬齒都看得到。如果牠們覺得疑惑或驚訝，眼睛會張得大大的，有時頭也會斜斜的看著。當狗感到恐懼要攻擊時，瞳孔會放大；若是具有絕對優勢的攻擊，瞳孔則會縮小。

當然，除了這些之外，看到狗搖著尾巴跑向你時，你很容易就知道牠是歡迎你的；可是，若是一邊咆哮一邊張牙舞爪的衝過來，恐怕就不是摸牠頭的好時機。

為什麼天氣熱時，狗會吐舌頭？

炎炎夏日，遠遠望去，柏油路好像快融化一樣；從外面工作回來的爸爸，滿頭大汗的打開冰箱，先喝一罐冰涼的飲料消暑；然而鄰居阿姨家的狗也剛從外面的大太陽下回來，只見牠伸出舌頭不停喘氣，卻怎麼沒見牠也滿頭大汗？

原來，狗雖然和人類一樣是恆溫動物，但是汗腺並不像人類的一樣，分布在全身的皮膚

▼好熱啊！趕快散熱吧！

上。狗的汗腺只分布在腳底與舌頭等部位，因此，平常時，狗都是藉由腳底的汗腺來排除熱氣。但是，如果天氣太熱，光靠腳底散熱，恐怕早就中暑了，這時，牠們就張開嘴巴，伸出舌頭來快速降低體溫，保持體內一定的溫度。

其實，不只是天氣熱的時候，狗會吐舌頭，當牠們激烈運動或是打架之後，一如我們運動時會流汗一樣，牠們也會利用舌頭來散熱。因此，下次若是看到狗正上氣不接下氣的喘氣，舌頭上還隱約有熱氣冒出，可別誤會狗是學人類抽煙，其實牠正熱得冒煙呢！

相關單字

- 狗 dog
- 舌頭 tongue
- 汗腺 the sweatgland
- 散熱 heat dissipation

為什麼狗的鼻子總是溼溼的？

狗的鼻子經常溼溼的，怎麼擦都還是溼，這是怎麼回事？狗一整年都感冒嗎？

當然不是因為感冒的關係；相反的，狗的鼻子溼潤正代表牠們身體健康呢！

▲溼潤的狗鼻是健康的象徵。

因此，不要刻意去擦牠。原來，狗是動物界中，具有敏銳嗅覺的一種，牠可以嗅出約兩百萬種不同的氣味，而且即使許多味道混在一起，牠還是能夠

「分析」出來。

狗的鼻腔裡有許多皺摺，上面覆蓋著一層黏膜，黏膜裡就藏著無數的嗅覺細胞。為了保持嗅覺的靈敏，黏膜會經常分泌黏液來滋潤這些嗅覺細胞。

除了這些嗅覺細胞外，狗的另一個嗅覺器官在鼻尖。鼻尖上不會長毛，是一塊有許多小突起的地方，黏膜組織常分泌黏液在這裡，就造成我們常看到狗鼻子溼溼的現象。

有人形容狗是靠鼻子生活的動物。狗也知道自己的鼻子很寶貴，因此，睡覺的時候，就常把鼻子藏在前腳之間，不讓它受到傷害。

相關單字

- 嗅覺 the sense of smell / olfaction / scent
- 黏膜組織 mucous tissue
- 皺摺 fold / wrinkle
- 鼻腔 nasal cavity
- 鼻子 nose

為什麼駱駝可以在沙漠中生活？

「沒有三兩三，豈敢上梁山。」這句話的意思是說，如果沒有本事或技術，是沒有辦法做好一件事的。我們常稱駱駝為「沙漠之舟」，就是因為牠在水源缺乏、又乾又熱的沙漠中，特別具有本事。

駱駝的過人之處，在於牠身體的特殊構造與功能。大家都知道，駱駝的背上有厚厚的駝峰，然而駝峰裡可不像水壺一樣裝著水，而是充滿脂肪，當牠們缺乏食物或是吃得不夠多時，就會消耗駝峰裡的脂肪來維持生命；因此，當脂肪消耗時，駝峰便會縮小。也因為駱駝將脂肪都集中在一個地方，因此，牠可以利用其他地方將多餘的體熱散布出去。

此外，在體溫達到攝氏四十度時，駱駝才會開始流汗。因為排尿而失去的水分非常的少，當牠們要流汗時，炎熱的白天也差不多要結束了，駱駝就能趁著清涼的晚上將體熱降低。

▲ 沙漠之舟——駱駝。

人體如果流失百分之二十的水分，就有可能導致死亡，可是神奇的駱駝，即使消耗相當於百分之三十體重的水分，仍能活得好好的。駱駝將水分儲存在球狀的紅血球中，就算是短時間大量的喝水，也不會發生水中毒的現象。

另外，駱駝有雙迷人的大眼睛，長長的眼睫毛可以抵擋迎面吹來的風沙。牠們有兩層眼瞼，若是遇到沙漠風暴，眼瞼可以像蛙鏡一樣保護眼睛；同時，駱駝不需要口罩來避免沙子吸進肺裡，牠們的鼻孔可以隨時關閉，耳朵裡也有許多細毛防止沙子進入。

其實，安靜的沙漠充滿潛伏的危險，包括熱得燙腳的沙與隨時會把人掩埋的流沙，不過這也難不倒駱駝，並不是因為牠們會輕功，而是牠們的腳掌

知識補給站

駱駝有一項驚人的事實，牠們是從北美洲駱駝演化而來，在約三百萬年前才移到亞洲與非洲。為什麼北美洲駱駝會消失，目前還是個謎。

寬寬扁扁，可以將體重分散，使牠們不至於陷入沙中。腳掌的肉既堅韌又粗糙，因此可以忍受炙熱的沙子。

駱駝的最後一項絕技是牠們練就一身找水的功夫，這是因為牠們的嗅覺細胞相當集中，不僅可以找到食物，甚至連沒有什麼味道的水也能找到，很厲害吧！

駱駝一般可以維持一個禮拜在沙漠中行走不必喝水。目前的最高紀錄是五十天滴水不沾。相比之下，人類只要一天不喝水就會虛脫，可說是小巫見大巫。

相關單字

- 駱駝 camel
- 駝峰 a camel's hump
- 脂肪 fat
- 眼瞼 eyelid
- 儲存 store
- 腳掌 a sole of the foot

為什麼駱駝分單峰駱駝與雙峰駱駝？

駱駝是生長在沙漠中一種可以長時間不喝水的動物，牠的背上有富含脂肪的駝峰，住在沙漠的人們坐在上面，以牠作為運輸工具。可是，為什麼有些駱駝的駝峰只有一個，有的卻有兩個？

原來，這兩種駱駝分布的區域不一樣。分布在亞洲的大多是雙峰

▲ 單峰駱駝。

▲ 雙峰駱駝。

駱駝，因此，牠們又被稱為亞洲駱駝。牠們身上有一層濃密的毛皮；而單峰駱駝則主要生活在較炎熱的非洲與阿拉伯地區，因此，單峰駱駝又被稱為阿拉伯駱駝。牠們已經被人類馴養了好幾千年，目前只剩下中國內陸地區還有野生駱駝的蹤跡。

為什麼會出現這兩種不同的駱駝，有些學者的說法是：當初駱駝只有一種——雙峰駱駝，當牠們從寒冷的美洲與亞洲大陸遷移到緯度較低的地方時，因為氣候比過去溫暖，所以，不需要用兩個駝峰儲存脂肪，身上也不需要有厚重的毛皮，漸漸的，雙峰逐漸演化成單峰，也將溫暖的毛皮脫除，就變成今天看到的單峰駱駝。

比較這兩種駱駝，單峰駱駝的腿比較長，身高約二點四公尺，比雙峰駱駝高零點四公尺。由於少一個駝峰，身體也比較輕，所以可以走比較遠的路程；不過，雙峰駱駝的腿比較粗，可以承受較重的東西。有人曾經測量，雙峰駱駝在背負一百七十到二百七十公斤重的東西之下，還能以時速四公里的速度，一天走四十七公里，連續走四天以上，耐力真是驚人！

知識補給站

存活於中國戈壁沙漠的野生駱駝，只剩下八百頭左右，比貓熊的數量還少。由於人類的驅趕，牠們逼不得已，只能靠喝沙漠中的鹽水過活。

相關單字

- 單峰駱駝 dromedary / a one-humped camel
- 雙峰駱駝 a two-humped camel
- 毛皮 fur

為什麼猴子喜歡互相抓來抓去？

動物園裡總是少不了猴子這種活潑又討人喜歡的動物。牠們和人一樣，會做出各種逗趣的行為。我們常常看見兩隻猴子悠閒的躺在大石頭上，其中一隻在另一隻身上又抓又摸，不時又像抓了什麼東西往嘴裡塞，牠們究竟在做什麼？

許多人都以為猴子的這種行為是在幫同伴抓身上的跳蚤，然後把跳蚤吃掉。事實上，猴子身上是很少有跳蚤的。猴子這麼做，主要有幾個用途：第一、每種動物每天都需攝取一定的鹽分。比如人類若沒吃鹽巴，便會因為缺乏碘而造成甲狀腺腫大。猴子在日常的飲食中所能吃到的鹽分有限。牠們每天蹦蹦跳跳的到處活動，身上常有流汗後所產生的鹽粒結晶，因此，猴子互相抓來抓去，就是挑起這些鹽粒吃，以補充鹽分的不足，看起來就像在抓跳蚤一樣。

▲ 嗯，好舒服啊！

另外一個原因是，猴子是一種社交性的動物，年輕的猴子為了向年長的猴子表示尊敬與親熱，就像我們幫爺爺捶背一樣，猴子也會幫長輩抓去身上的鹽粒。不過，還有另外一種情形，就是母猴幫自己的小猴理毛，這是牠們表示疼愛的一種方式。

為什麼猴子吃東西總是狼吞虎嚥？

小朋友，還記得媽媽千叮嚀萬吩咐，吃東西要細嚼慢嚥，不要像猴子一樣狼吞虎嚥，這樣，才不會消化不良嗎？

我們人類的確因為身體構造，不允許我們大口吞嚥食物。然而，猴子並不是真的因為沒教養，才拚命把食物往肚裡塞。

▶猴子通常先快速的將食物塞滿頰囊，再到隱密的地方慢慢咀嚼。

猴子之所以狼吞虎嚥，是為了在食物不太充足的野外存活，不至於餓死，所發展出來的方法。如果仔細觀察猴子吃東西，可以發現牠們把食物吃進嘴後，並沒有馬上吞進肚子裡，而是先把食物放在臉頰內部兩側的頰囊，然後跑到隱密或安全的地方，再吐出來慢慢咀嚼。

所以，猴子不是狼吞虎嚥的動物；否則，牠們恐怕也會消化不良。據學者研究，早期人類也有頰囊的構造，只是食物不虞匱乏的日子過了很久，因此，已經退化。

知識補給站

即使野外的食物並不充足，猴子還是會敬老尊賢：當食物蒐集好後，猴王有權先挑走自己要吃的食物，然後再依照地位分配食物。

相關單字

- 狼吞虎嚥 to devour（like wolves and tigers）
- 猴子 monkey
- 嘴巴 mouth
- 頰囊 a cheek pouch

為什麼猴子的屁股是紅色的？

動物園裡的臺灣獼猴活蹦亂跳，似乎沒有停下來休息的時候。仔細一看，你會發現小猴子的屁股竟然紅通通；是因為調皮搗蛋而被猴媽媽打屁股嗎？但是，猴媽媽的屁股也一樣紅呀！這是為什麼？

原來，猴子的屁股天生就是紅色的。不過，可別以為世界上兩百

▶ 紅通通的屁股透露牠的心情。

多種靈長類動物的屁股都是紅的，至少人類就不是。有紅色屁股的，只有獼猴科與雌黑猩猩，而且雌黑猩猩只有在發情期時，屁股才會變紅。

獼猴與狒狒因為不會築巢，所以幾乎長時間坐在堅硬粗糙的樹幹與石頭上，如果屁股的皮膚太柔嫩，很快就會磨破皮，那時，恐怕屁股不變紅也不可能。因此，牠們的屁股有特殊的角質化物質，叫作「股繭組織」，這讓牠們的屁股既耐磨又耐刺。裡面有微血管分布，因此，平常看來是粉紅色；到了繁殖期，微血管擴

知識補給站

角質並不只限一種顏色，人類的頭髮就是一種角質化的物質。因此，我們可以看到不同的種族，有黑色、金色、紅色等不同的髮色。

張，這時，就會變成鮮紅色，而且腫腫的，很像被打過的屁股。猴子的屁股就像人的表情，透露牠的心情。

有趣的是，既不是所有猴子的屁股都可看到顏色，也不是有顏色的猴子屁股都是紅的。前者如金剛猩猩、紅毛猩猩與長臂猿，身上的毛長到連屁股都被遮住，因此，無法直接看到牠們屁股的顏色。後者如非洲草原上的猿猴，牠們的屁股是藍色——可不是因為牠們特別頑皮，所以被打到淤血，而是因為牠們的黑色素較多。大猩猩與紅猩猩的屁股甚至是黑色的。

相關單字

- （獸的）臀部 rump
- 角質化 to keratinize
- 微血管 a blood capillary

懶猴到底有多懶？

一般人的印象中，猴子總是活蹦亂跳，一刻也閒不下來，因此，大人有時會用猴子來形容調皮搗蛋的小孩。然而，不是每種猴子都這麼好動，至少「懶猴」就是其中的異數。

▲懶猴的可愛模樣。

懶猴又名「蜂猴」，因為牠的體型嬌小，身長約只三十公分，體重約只有一公斤。頭圓耳小，圓滾滾的眼睛周圍有一圈黑框，好像永遠沒睡飽似的，模樣十分逗趣。牠的尾巴很短，隱於毛髮中，很難看出來，因此乍看之下，還以為是沒尾巴的猴子。

被稱為「懶猴」，正是因為牠和其他猿猴比起來，懶到出了名。白天，牠既不外出覓食，也不遊戲打鬧，而是蜷成一團，在樹洞裡睡大覺；不管外面天搖地動，再大的聲響也吵不醒牠。如果硬把牠搖醒，牠頂多看你一眼，便又進入夢鄉，真是懶得可以！

根據動物學家的研究，懶猴之所以對聲音的反應遲鈍，主要是因為聽覺退化。除了愛睡覺外，懶猴也是急死人的慢郎中。白天睡了一整天，晚上終於出來活動，可是只見牠慢慢的挪動粗短的四肢，在樹幹上緩慢的爬行。有人曾因此幫牠計算每走一步所花的時間，估計牠平均每十二秒才跨出一步；要跟牠見面，最好就約在牠家門前，不然，可能到天亮都還沒看到牠。

不過，不必太擔心懶猴會因此沒食物吃，因為牠是夜行性動物。牠可以輕易的抓到樹上的果實、昆蟲或是巢中的小鳥。一整夜的覓食工作，讓牠累得天亮馬上回去睡覺。奇怪，懶猴為什麼在白天那麼想睡覺？科學家終於發現，原來，懶猴的腦中會分泌一種激素，這種激素使得懶猴在陽光下會感到昏昏欲

睡。科學家曾試著將這種激素注射到狗的腦中，結果，活動力旺盛的狗頓時變成一隻「懶狗」。這種激素在晚上並不會造成影響，因此，懶猴才可以在晚上活動一下筋骨。

懶猴的數量已經愈來愈少，與牠慵懶的習性有很大的關係。不要說在白天可以輕而易舉的抓到睡眼惺忪的懶猴，就連晚上只要用手電筒一照，懶猴就像木頭人一樣，動也不動。目前，有懶猴存在的國家，都將牠列為保育類動物，嚴禁捕捉與獵殺，否則，將來我們恐怕看不到這種可愛、逗趣又奇懶無比的懶猴。

關鍵單字

- 懶猴 Nycticebus coucang (學名) / slow loris
- 夜行性動物 nocturnal animal
- 激素 hormone

大猩猩為什麼會捶自己的胸膛？

動物園裡的臺灣獼猴，身體輕盈，在樹上跳躍，在地上奔跑，十分逍遙，令人想親近。然而，有一種猩猩，和人類差不多高，卻比人類壯好幾倍，尤其臉上總是一副凶神惡煞的樣子，你肯定不想惹牠生氣。

那就是生活在非洲中部雨林裡的大猩猩（又名金剛猩猩），牠們是目前猿猴類中，體型最大的一種。不過，可別被牠的外表

▼面惡心善的大猩猩。

嚇到，所謂「面惡心善」，用在大猩猩身上，正是恰到好處。牠們的個性，事實上既溫和又善良，而且只吃美味多汁的植物莖，對肉類沒有多大興趣，脾氣好得很呢。

可是，俗話說「狗急會跳牆」，當大猩猩被攻擊或圍捕時，為了保護自己與族群，牠們會面對敵人，站起身，用盡所有力氣發出巨大的吼聲，同時用力捶打自己的胸膛，裝出一副凶神惡煞的樣子，企圖嚇走敵人。所以，牠還是和善的，只會虛張聲勢而已。如果敵人還是不走，牠就會趁敵人不注意時，一溜煙的逃走。

知識補給站

大猩猩成年後，頭部會高高的隆起，同時背部的毛會轉變成美麗的銀灰色，因此，又稱為銀背猩猩。

兔子真的只吃紅蘿蔔嗎?

兔子是溫馴又可愛的動物，很多人把牠當寵物飼養。長久以來，我們在卡通裡看到的兔子，總是拿著一根紅蘿蔔，快樂的咬著，好像要疼愛牠就得讓牠天天吃紅蘿蔔。真的是這樣嗎？

當然不是。兔子喜歡吃的東西相當多，紅蘿蔔只是其中一種；否則，如果牠生活在沒有紅蘿蔔的地方，豈不是要餓死？況且，也有不喜歡吃紅蘿蔔的兔子！飼養兔子，不能天天三餐都只給牠紅蘿蔔吃。並不是因為牠

▼媽媽說：飲食要均衡喔！

會吃膩，而是因為這樣不僅使得兔子營養不良，而且吃太多紅蘿蔔，會造成A酸中毒，嚴重的話，還會導致兔子死亡，因此，千萬要小心。

兔子和人一樣，需要均衡的飲食，除了紅蘿蔔，還有番薯、菠菜、高麗菜、空心菜、四季豆等蔬菜，都是牠們喜愛的食物；不過，未足歲的兔子不能餵食綠色蔬菜，否則容易拉肚子。

此外，很多人以為兔子不需要喝水，這也是錯誤的觀念。兔子除了從蔬菜中攝取水分外，也需要喝水；牠們一天大約需要喝一百毫升的水。

名詞注解

A酸：紅蘿蔔含有豐富的維他命A，當它進入體內，經過氧化作用後會變成A酸，它是脂溶性物質，不容易代謝排出；人如果吃太多，皮膚就會變黃，甚至連眼白的部分也會變色。

要了解家裡飼養的可愛兔子，可以觀察牠們的行為。若是牠們用力的踏腳，嘴裡不時發出「咕咕」的聲音，就表示牠們心情並不太好，如果去逗牠，牠可能咬你喔！若是兔子喜歡你，牠會舔你的手或臉；若是用鼻尖碰你，在你身邊跑來跑去，有可能是要你陪牠玩耍；若是牠不斷的大小便，顯示牠正處於緊張不安的狀態。倘能仔細的讀取牠們的心意，就可以好好的照顧牠們。

知識補給站

抱兔子，可不能像獵人一樣抓住牠的雙耳哦！因為牠的耳朵布滿血管，很容易受傷。最好是像抱嬰兒一樣，一手抓住前腳，另一手抱住屁股。

相關單字

- 兔子 rabbit
- 紅蘿蔔 carrot
- 營養不良 malnutrition
- 酸中毒 acidosis

為什麼小白兔的眼睛是紅色的？

如果有人為了考試而熬夜，隔天，我們總會發現他的眼睛布滿血絲，看起來紅紅的。很奇怪，家裡飼養的小白兔既不準備考試，也沒聽說牠很愛哭，眼睛怎麼也紅紅的？是因為特別愛吃紅蘿蔔的關係嗎？

▼ 兔子的眼睛有各種顏色。

當然不是。那是因為兔子的身體裡有各種不同的色素，反應在牠們身體表面，就形成各種不同顏色的毛皮與眼珠。兔子眼睛的顏色往往與毛皮的顏色一致，例如黑色的兔子，眼睛也是黑色；灰色眼睛的兔子，毛皮通常也是灰色。

如果以此類推，那麼，白兔的眼睛為什麼不是白色的？事實上，白兔因為缺少白化色素，因此，牠的眼球是無色的；可是，由於眼球下方有血液在血管裡流動，因此，白兔的紅眼珠不是牠眼球本身的顏色，而是眼球內的血液所反映的顏色。

相關單字
- 眼睛 eye
- 紅色 red
- 色素 pigment
- 白化 alphosis
- 血液 blood

世界上最大的哺乳動物是什麼？

如果有人以為鯨是魚類，問他「世界上最大的哺乳動物是什麼？」那麼，他或許會回答：「象」。然而，象只是陸地上最大的動物而已，鯨才是地球上的巨無霸（其中以藍鯨最為巨大）。

藍鯨有多大？我們以生活在六千五百萬年前的恐龍作比較，目前

▲ 藍鯨是世界上最大的哺乳動物。

所發現最大的恐龍約有二十五公尺長，體重約五十公噸；可是在藍鯨家族中，這只是一般大小，人類捕獲到最大的藍鯨足足有三十四點六公尺長，體重有一百七十公噸重，比恐龍重三倍以上，比非洲象重三十倍左右。所以，牠不僅是目前最大的動物，還是地球上曾出現的生物中，體型最大的。

藍鯨屬於鯨目中的鬚鯨科，因為體色呈藍色或藍灰色，所以被命名為「藍鯨」。牠們平均能長到二十六公尺長；一般建築物大約三到四公尺高，所以，牠的長度大概有七、八層樓高。藍鯨又稱「剃刀鯨」，不過，並不是牠凶殘的緣故，而是牠整個身體呈流線的造形，好像一把剃刀。

事實上，藍鯨是一種性情相當溫和的動物，牠們利用鯨鬚過濾海中大量的浮游生物與磷蝦等，作為食物。一頭成年的藍鯨一天需攝取一百萬卡的熱量，一天可以吃進兩百萬隻的磷蝦。

藍鯨、長鬚鯨等鬚鯨類的鯨和陸地上的牛一樣，有四個胃。齒鯨類更是驚人，比如初氏中喙鯨有十五個胃。不過，牠們並不會反芻。

雖然藍鯨的體型巨大，可是由於牠的個性溫和，對牠們的生存造成不利。過去，由於人類的濫捕，目前世界上僅剩下約兩千頭藍鯨，因此，被列為瀕臨絕種的動物，許多國家已經禁止漁民再捕殺藍鯨，希望牠們能繼續悠游在美麗的海洋中。

鯨會噴水嗎？

我們常說的「鯨魚」，事實上，鯨根本不是魚。牠是世界上最大的哺乳動物。現在，就讓我們來了解這種動物如何在海中生活。

從書上、影片中，常可看到鯨從噴氣孔噴出水來，似乎在海中快樂的玩水。其實，牠噴出的並不是水，而是氣體。

鯨既然是哺乳動物，牠就不像魚類用鰓呼吸，而是和人一樣用肺呼吸。然而，牠的噴氣孔卻不和我們的鼻子一樣，長在臉部的中央，而是長在眼睛中間頭頂的位置。

記得去游泳池玩水的情形嗎？我們必須憋住呼吸，才能潛到水裡；鯨一生都活在海裡，牠們也需要

▲ 媽媽說：呼吸新鮮空氣，有益健康。

憋氣，才不會被海水嗆到。以藍鯨為例，牠的肺約有一千五百公斤重，可以容納一萬五千公升的氣體，這麼大的肺活量，使得牠們不像人類，只能在水裡待幾分鐘，鯨可在水裡待十幾分鐘都沒問題，有些較大型的齒鯨類甚至可以潛到三千公尺深，一個多小時後才上水面換氣。新鮮空氣快用完時

名詞注解

齒鯨類：：鯨可分為齒鯨與鬚鯨。齒鯨，顧名思義就是有牙齒，可以吃魚類或烏賊；鬚鯨則只有像篩子一樣的鯨鬚板，可過濾浮游生物或小魚、蝦米等作為食物。

，牠們一浮出水面，就會從頭頂的噴氣孔噴出廢空氣，這些空氣一遇到外面比較溼冷的空氣，便會像冬天我們呼出白色的霧氣一樣，也呈現白色帶有水氣的噴霧。

鯨的肺可說是哺乳動物中，工作效率最高的器官，一般動物一次呼吸大約只能交換百分之十到百分之十五的空氣，可是鯨的肺卻能一次換足百分之八十到百分之九十的新鮮空氣，難怪牠們能夠很久才換氣一次。

知識補給站

鯨可以在短短一到一點五秒間，噴出一千五百公升的氣體，最高可以噴到九到十二公尺的高度，而且聲勢驚人，肺活量相當大。

相關單字

- 鯨 whale
- 肺 lung
- 呼吸 respiration
- 肺活量 vital capacity

真的有白鯨這種動物嗎？

十九世紀著名作家梅爾維爾所撰寫的文學鉅作「白鯨記」，是第一本記錄鯨的書籍，書中記錄捕鯨人與一頭巨大的白色抹香鯨搏鬥的故事。事實上，抹香鯨並不是白色的，而是因為色素白化之後所形成的顏色。

世界上真的有白鯨這種動物嗎？事實上，是有的，而且在臺灣就可以看到。民國九十一年，屏東的國立海洋生物博物館就遠從俄羅斯帶回來六隻可愛的小白鯨。白鯨屬於齒鯨亞目中的一角鯨科，牠們主要生活在寒冷的北極圈海域，因為身上有厚達五到十二公分的脂肪組織，因此，不怕寒冷的海水。這些脂肪占了全部體重的百分之四十。

白鯨與其他鯨類不同的地方在於牠的背上沒有背鰭，只有一個稍微突起的背脊；由於牠們的頸椎骨有七塊沒有完全連結在一起，因此，牠們可以像聽懂話一樣的點頭或轉頭。

▲ 白鯨可以發出許多不同的聲音，所以有「海的金絲雀」之稱。

白鯨被稱為「海的金絲雀」，是因為牠們可以發出許多不同的聲

音，比如咯咯聲或是開門的聲音，有時還讓人以為遠處有小孩子在遊戲呢！

不過，白鯨可不是一出生就這麼白。牠們小時候的顏色接近灰色或是有點粉紅，等到長大，會先變成藍灰色，成年後才變成白色。據科學家調查發現，牠們最長可以活到五十多歲（大多只活到二十五至三十五歲）。

知識補給站

目前全球有超過十萬隻的白鯨，因此，牠們沒有立即絕種的危險。牠的天敵包括北極熊、虎鯨，以及住在美加與俄羅斯等地的原住民（如愛斯基摩人）。

白鯨由於模樣俏皮，而且性情溫馴，容易訓練，可以表演許多水上特技，因此，深受人們喜愛。下次前往墾丁旅遊時，別忘了去拜訪牠們喔！

虎鯨（殺人鯨）真的會殺人嗎？

海洋中對人類威脅最大的，應該是鯊吧！可是，人們總以為每種鯊都會攻擊人類。事實上，約三百八十種鯊中，只有二十七種會攻擊人，而且鯊也不是故意攻擊人。視力差的鯊很有可能是把人看作海豹，才會發動攻勢。

▲背負汙名的虎鯨。

儘管如此，鯊並沒有因此被冠上「殺手」之名。可是，鯨豚類之

一的虎鯨卻被稱為「殺人鯨」，牠真的會殺人嗎？

虎鯨又叫殺人鯨，我們在各國的海洋公園常看見身上有黑白斑塊，表演精采的動物，就是牠們。既然牠們能和人類一起表演精采的動作，牠會不會殺人的問題就很容易解答。從有虎鯨的紀錄以來，從未傳出牠們攻擊或殺害人類的事件。（連一件也沒有）。甚至在過去，還有虎鯨與人類合作獵捕鯨的事；可是，人們已習慣這個名稱，牠只好背負這個惡名。

知識補給站

虎鯨被牠的同類——偽虎鯨——所陷害。偽虎鯨與雌虎鯨極為相似，牠會把漁網裡的魚都吃光，漁民因此對牠恨得牙癢癢的。

「殺人鯨」之名，或許來自於

牠們是海洋中的獵捕高手。虎鯨體力驚人，又有聰明的頭腦，是群居型的動物，具有特定的社會模式，會發出不同的聲音互相聯絡。當牠們追捕獵物時，會利用策略，將烏賊、魚、海龜等牠們愛吃的食物團團圍住，然後飽餐一頓。有時，牠們甚至會攻擊比自己大十倍以上的鯨。由於這種情形，使人們產生「牠們會殺人」的錯誤想法。

此外，人類對牠的誤解還不只「殺人」二字。事實上，虎鯨是海豚科中，體型最大的一種。下次若在海上遇到牠們，大可放心的看牠們躍出海面的美妙姿勢。

相關單字

- 虎鯨（殺人鯨） a killer whale
- 海豚 dolphin
- 群居 gregarious

世界上跑得最快的哺乳動物是什麼？

你能跑多快？目前奧運一百公尺短跑的最快紀錄是九秒五八，這和動物界的飛毛腿比起來，可是連個獎牌都拿不到。如果舉辦動物短跑比賽，第一名非生活在草原上的獵豹莫屬。

獵豹跑得多快？有人曾經測量過，牠的最快時速可達一百一十公里，換算成一百公尺競賽，只需三秒多一點點而已！牠擁有像跑車一樣的加速度，在兩秒之間就可以從靜止狀態轉變

知識補給站

獵豹的英文 cheetah 是從印度語 chIta 而來，意思是「有斑點的」。牠們在生物的分類中相當特別，自成一個屬，屬於貓科動物中的獵豹屬。

成時速七十公里的狂奔。

獵豹又被稱作印度豹，主要是過去印度有許多獵豹的蹤跡。目前，在印度已經絕跡。現在，在非洲與西南亞仍可看到牠們的蹤影。

獵豹是天生的短跑高手，為了減少奔跑時的累贅，身上沒有多餘的結構與贅肉，整個身體呈流線形；為了承受奔跑時心肺的壓力，牠們的鼻孔、肺部與心臟都變得更大；牠們的腳爪不會縮回，正好像一

▼獵豹的體型呈流線形，奔跑時可以減少阻力。

雙良好的運動鞋，加強了抓地能力；八十公分的長尾巴讓獵豹在狂奔中仍能保持平衡，並且像船舵一樣，讓獵豹隨時可以在獵捕動物時，來個緊急轉彎。當獵豹奔跑時，同時間只會有一隻腳著地，而且中間有一段是四肢都不會碰到地面，真是名副其實的「草上飛」。

不過，獵豹雖是短跑高手，卻不能成為馬拉松健將，因為當牠們啟動引擎飛奔時，身體的熱量也快速提升；如果長時間不停止，牠們就有可能過熱而死。據估計，牠們每次大約只能跑三百公尺。

牠們不是草原上的霸王，因為體型的關係，在獵到食物後，常被一旁觀看的獅子、鬣狗等，把食物搶去，害牠白忙一場。

世界上最高的哺乳動物是什麼？

當我們打開電視，欣賞精采的籃球比賽，看見人高馬大的選手們輕輕鬆鬆就把球送進籃網時，心裡不免十分羨慕，希望能和他們一樣頂天立地。不過，如果天真的塌下來，先被壓到的動物不會是籃球選手，至少他們會排在長頸鹿的後面。

長頸鹿是世界上最高的哺乳動物，牠們最高可以長到六公尺，大

▼長頸鹿是世界上最高的哺乳動物。

約兩層樓那麼高。有學者研究指出，過去中國傳說中的祥獸麒麟，有可能是指長頸鹿。

長頸鹿能長這麼高，得歸功於牠有長長的脖子與四隻長長的腿。牠的脖子大約三公尺長，有趣的是牠和人一樣，也是由七個頸椎所組成。牠們的頭上長有兩隻堅硬的短角，當兩隻雄長頸鹿為了求偶而互相爭寵時，會把牠們長長的脖子甩向對方，勝利的一方就可以獲得雌長頸鹿的芳心。

知識補給站

長頸鹿不僅脖子很長，舌頭也有五十公分長，然而，牠可不是我們常說的長舌婦，因為牠沒有聲帶。所以，牠是啞巴，不會發出聲音。

在非洲大草原上，可以看到許多長得奇形怪狀的樹，有的像雨傘，有的像一個葫蘆，這些其實都是長頸鹿的傑作，因為牠們只吃和牠們同高或是較低的樹葉。所以，如果樹長得太高，牠們只吃得到下面的樹葉，樹就變成倒立的雨傘。不過，根據科學家研究，長頸鹿並非一開始就是這麼高大，依照著名的生物學家達爾文的《物種原始》一書的說法，短頸的長頸鹿因為吃不到樹葉而逐漸被淘汰，其中有幾隻產生突變，變成脖子較長的長頸鹿，漸漸演變成現在我們所看到的外貌。

名詞注解

達爾文：英國生物學家，於一八五九年出版《物種原始》一書，此書是他進行全球考察之後完成的一本巨著。其中「物競天擇」的觀點，認為生物為了生存，會產生適應環境的突變，而將不適者淘汰。

長頸鹿的頭部離牠的心臟這麼

遠，會不會產生貧血？這倒不必擔心，因為長頸鹿的心臟強而有力，可以將血液源源不絕的送到頭部，牠心臟的力量是人類心臟的三倍，人如果有這種心臟，恐怕早就導致腦溢血的發生。所幸長頸鹿有一個保護裝置，牠的腦底部有一團網狀的小動脈，不論長頸鹿突然抬頭吃草或是低頭喝水，當血液流經這團血管時，速度都會減慢，因此，可以避免牠們貧血或是腦溢血。

和牛一樣，長頸鹿也有四個胃，可以讓牠慢慢反芻吞下的食物，平均一片樹葉就要咀嚼四十次，真是細嚼慢嚥好消化的最佳代表。

相關單字

- 長頸鹿 giraffe
- 脖子 neck
- 麒麟 a kylin / a（Chinese ）unicorn
- 心臟 heart
- 貧血 anemia
- 突變 mutation

世界上智商僅次於人的哺乳動物是什麼？

人自稱「萬物之靈」，是目前地球上智商最高的動物。事實上，除了人類之外，還有其他動物也有聰明的頭腦。若是給地球上的生物進行智商大測驗，誰會是第二名？

也許有人會猜是與人類最接近的靈長類動物黑猩猩。過去，動物學家也以為黑猩猩是最聰明的；可是，近年來，科學家愈認識另一種動物，就愈覺得牠的智商更高，這種動物就是海豚。因為牠

名詞注解

智商／智力：科學上所稱的智商或智力，基本上有三個意義：一是有可以面對不同狀況的適應能力；二是從過去經驗學習的能力；三是會使用語言、符號等抽象的思考能力。

▲ 聰明伶俐的海豚。

的高智商，因此，有「海上智叟」之稱。

海豚究竟有多聰明？通常，我們在研究動物的智商時，是以腦重量與體重的比例來判斷，因此，體積愈大的動物未必愈聰明。海豚的腦袋既大又重，而且有很多皺摺，甚至比人還多。牠的大腦皮質面積達二千五百公分，是人類的一點五倍。以大西洋瓶鼻海豚為例，牠的體重約二百五十公斤，腦重約一點五公斤，和一個成年男性的腦重量一點四公斤差不多，所以，腦重與體重的比值是零點六，雖然距人類的一點九三還有一段距離，卻比黑猩猩與其他猿猴類還高。

再比較海豚與黑猩猩的學習能力，動物學家發現，有些技巧性的動作，猴子需要學幾百次才會，可是海豚只要練習約二十次就駕輕就熟。海豚能認識十到五十個單字，以及由這些單字組成的簡單句子；更厲害的是，有些海豚只要看幾次同伴的動作，就可以模仿得維妙維肖，顯示出牠們的學習能力很強。另外，海豚可以發出各種頻率的聲音與同伴溝通，這是牠們用來傳遞訊息的語言。目前，專家們正努力

研究牠們的行為與聲音的關係，若能得到一致的結果，相信對牠們會有更進一步的了解。

海豚是一種相當善良的動物，除了模樣逗趣外，還善體人意。當人們在海上遇難時，海豚會奮不顧身的救人，類似這種的救人事件從以前就常發生，因此，海豚也獲得「海上救生員」的美譽。海豚擁有這麼多接近人類的行為與智商，難怪有位法國科學家曾認為海豚就是人類的祖先。

知識補給站

海豚救人的事跡不勝枚舉，一九五九年，有艘船在加勒比海出事，遊客在海上遭到鯊的攻擊，千鈞一髮之際，一群海豚游向鯊，因而趕走牠們。

相關單字

- 海豚 dolphin
- 智商 intelligence quotient (IQ)
- 大腦 the cerebrum
- 學習能力 learning ability

世界上最原始的哺乳動物是什麼？

當懷孕的準媽媽到醫院生產時，我們可以知道小寶寶是直接從媽媽的肚子裡生出，不像雞、鴨是先生蛋，然後慢慢孵化。許多哺乳動物，如狗、貓、牛等等，都是如此。你知道嗎？世界上有一種哺乳動物，牠和家禽一樣會下蛋，這種動物就是生長在澳洲的鴨嘴獸。

鴨嘴獸是目前地球上所發現最原始的哺乳動物，這從牠仍是卵生可以得知。牠們的祖

▲ 卵生的哺乳動物——鴨嘴獸。

先早在一億八千萬年前，恐龍盛行的侏羅紀就已經出現，那時，牠們出現在世界各地。後來，因為發生地殼變動，澳洲與其他大陸分開，其他動物侵擾不到鴨嘴獸的祖先，所以牠們可以在這裡繁衍後代，不受干擾。

鴨嘴獸屬於單孔類動物，外型既奇怪又逗趣，由於牠的嘴扁扁平平的，很像鴨子的嘴巴，因此得名。鴨嘴獸約四十公分長，全身覆有短毛，四肢都有五隻腳爪，腳爪間長有蹼，可以讓牠們在水中游來游去。牠們在水裡時，會把

名詞注解

單孔類動物：指介於爬蟲類與哺乳類之間的動物，牠們和爬蟲類一樣卵生；也具有哺乳類動物該有的毛髮與用肺呼吸。目前，單孔動物有兩類——澳洲的鴨嘴獸與新幾內亞的食蟻蝟。

眼睛、耳朵和鼻子都閉起來，只靠著「鴨嘴」感覺食物。牠們的胃口很大，可以吃蝦、蚯蚓、昆蟲的幼蟲等等，一天大概要吃和牠的體重差不多重的分量。不過，別看牠們可愛就想抱牠們，注意，雄鴨嘴獸的後腳上有一根毒刺，毒性和蛇毒一樣，具有致命性。

鴨嘴獸的卵，外形很像烏龜的卵。小鴨嘴獸只需十幾天的孵化，就可從蛋裡出來。

鴨嘴獸媽媽和其他哺乳類動物一樣，會用乳汁餵小鴨嘴獸，四個月到六個月後，小鴨嘴獸就長大，可以獨自在河邊生活。

相關單字

- 鴨嘴獸 a platypus / duckbill
- 蹼 web
- 單孔類動物 monotremata
- 卵生 oviparous

世界上最吵鬧的哺乳動物是什麼？

世界上的動物何其多，有生性安安靜靜的，也有一刻也靜不下來的。如果要選出最吵鬧的哺乳動物，也許有很多人會說：人類。不過，除了人類之外，南美洲有一種動物，天生嗓門就比其他動物大，也因此得到一個貼切的名字：吼猴。

吼猴到底有多吵？當牠發出吼聲時，五公里外都可以聽見，而且往往不是單獨一隻在森林裡大聲吼叫，經常是先生先叫幾聲，太太跟著加入，甚至子女也助長聲勢，像個合唱團。每當夜晚來臨或是清晨時分，總是可以聽見牠們的叫聲。

吼猴為什麼可以叫得比其他動

▲ 吼聲驚人的吼猴。

物大聲？這是因為牠們天生有副傲人的大喉嚨。牠們喉部的骨頭像個共鳴器一樣。一開始，從喉部發出聲音時，聲音斷斷續續，但是，受到這個共鳴器的不斷擴大，整個聽起來，就像一連串打鼓的聲音。有人形容牠們的叫聲像是狗吠與驢叫的混合，但是音量調大一千倍。吼猴會將空氣從胸部與腹部壓縮出來，這些空氣會通過共鳴器上的一個開口，讓聲音更加宏亮。

大聲吼叫是很花力氣的。吼猴

所以喜歡吼叫，原因很有趣，主要是為爭地盤，因此比賽誰叫得比較大聲。吼猴有不同的族群，各占據不同的區域，但是總會遇到重疊的區域，這時，牠們不會使用暴力，互相打鬥，而是雙方竭盡所能的發出最大的吼聲，只要某一方的聲音大過另一方，牠就可以占據這個地方，另一方就得無條件退出——即使牠們是較早占領的一群。除了這個原因之外，如果森林中有肉食性動物接近，牠們也會發出吼聲通知同伴，其他同伴便會趕來支援，用吼聲將敵人逼退。

不過，不要調皮的學牠們吼叫，因為牠們會以吼聲回敬，並且漸漸逼近。雖然牠們不會傷害人類，但是那種場面也夠嚇人的。

世界上最懶惰的哺乳動物是什麼？

前面我們曾經提過懶猴這種速度緩慢的猴子，可是，那只是因為牠體內有一種物質所導致，到了晚上，牠就會甦醒過來。如果動物界要比比看誰最懶，以懶猴的功力，還不能拿第一名。世界上最懶惰的哺乳動物，就像牠的名字——樹懶——一樣，懶得出名。

樹懶這名字，取得真是恰到好處。牠終其一生，很少離開樹上，吃、喝、拉、撒、睡與繁衍下一代，都是在樹上進行。牠的爪子像鉤子般，強而有力，能讓牠們倒掛在樹上也不會掉下來，甚至掛在樹上就可以入眠。有人曾經發現一隻死亡的樹懶，死時仍是倒掛的姿勢。牠們的身體狀況，只容許生活在中南美洲的熱帶雨林，因為只要氣溫低於二十七度，牠們就會開始冷得發抖。

樹懶究竟有什麼本事，可以讓牠在懶惰排行榜中名列前茅？有人曾經幫牠計時，光是一個抬腿動作就要花三十幾秒，比烏龜還慢；遇到危險要逃跑時，也是以一秒不到二十公分的速度溜走。我們常形容懶惰的人「好

▲ 誰能比我懶？

吃懶做」，樹懶更誇張，牠甚至懶得吃喝，一個月以上不吃東西，仍然可以活得好好的。

這種奇妙的動物，雖然因為熱帶雨林不斷的被砍伐而逐漸消失，所以被列為瀕臨絕種的動物，可是，牠能生存在充滿奇怪生物的雨林，也是一項奇蹟。原來，小樹懶剛出生時，身體的顏色與樹幹的顏色相當接近，可以當作保護色。在牠成長的期間，身上會有一種地衣植物生長，好像穿了件迷彩服一樣，因此，敵人很難發現牠的蹤跡，方便牠在雨林裡懶洋洋的生活著。

知識補給站

樹懶有趣的地方在於牠雖然是哺乳動物，可是體溫並非恆定，約介於二十八到三十五度之間，牠們走路緩慢，可是卻是游泳高手。

世界上顏色最鮮豔的哺乳動物是什麼？

中國的國劇演員，上戲前必須先在後臺畫上五顏六色而有特殊意義的圖案在臉上，這些圖案，就叫作臉譜，比如關公的紅臉、包公的黑臉等。可是，你知道嗎？動物界中也有天生唱國劇的大花臉呢。

這種動物叫作「山魈」，有人稱牠們為彩面狒狒或是鬼狒狒。事實上，牠們和狒狒並不同屬

▲ 動物界的國劇演員——山魈。

，牠和狒狒只是近親關係。著名的生物學家達爾文認為，山魈是哺乳類動物中，外表最鮮豔的。從圖中可以看到，牠們的眼瞼畫上一層厚厚的白色，臉頰是帶有條紋的美麗天空藍，從眉間到整個鼻子都是鮮紅色，黃色的鬍鬚與淡淡的紫色屁股，對比相當鮮明，真像是個上完妝的演員。

知識補給站

你知道農曆過年放鞭炮的由來嗎？古代傳說山魈是一種害人的怪物，因此，每到正月初一，人們便用火燒竹子，發出霹靂啪啦的聲音，嚇走山魈。

哺乳動物中具有藍色皮膚的，相當稀有。科學家研究山魈為何會有藍色的臉頰，認為是牠們皮膚裡的蛋白質纖維排列得相當整齊，那些纖維在粗細與距離排列上完全相等，於光學反應下，反射出單一波

長的藍光，因此，造成山魈的臉頰呈藍色；若這些纖維之間的距離加大，那麼，藍色就會變淺。

山魈生活在非洲西部的熱帶雨林中心，活動範圍是靈長類中最廣的，大約一百八十五公里。牠們是群居的動物，最多曾經有一千三百五十隻出沒在同一區域，陣容龐大。

山魈是靈長類中脾氣暴躁的一種，加上牠們體型壯碩，站立起來可達一公尺高，冷冷的眼神與全身怪異又美麗的顏色，讓人畏懼三分。當牠們興奮激動時，身上的顏色會更鮮豔，同時以打哈欠的方式露出兩根長長的犬齒，嚇唬其他動物。

相關單字

- 山魈 mandrill
- 狒狒 baboon
- 蛋白質 protein
- 纖維 fiber

無尾熊是熊嗎？

無尾熊是生長在澳洲的一種珍貴動物，牠可愛的模樣十分討人喜歡。然而，無尾熊雖然名字有個熊字，卻和熊一點關係也沒有，你知道嗎？

不是熊的無尾熊。

這，是不是把英文翻譯成中文時誤會了？事實上，並沒有。無尾熊屬於有袋目的結趾鼠科，當初，第一批從歐洲到澳洲的西方人從未看過這種動物

，誤以為是平常看到的猴子或是熊（有一段時間。無尾熊甚至被稱為「猴熊」）。當時，聰明的動物學家要幫牠命名，也誤會了牠的屬性。牠的拉丁文學名直接翻譯成中文，是「灰色有袋的熊」，於是，牠的名稱就這樣將錯就錯，沿用到現在。

不過，可別以為無尾熊只有一種，依牠們在澳洲的分布，可分為三種，主要生活在維多利亞、新南威爾斯與昆士蘭地區。此外，由於南部的氣候較寒冷，因此，如維多利亞地區的無尾熊身上就有一層較厚的毛皮，體重也比生長在北部的無尾熊重。

臺北的木柵動物園從澳洲引進可愛的無尾熊，有機會的話，可以去拜訪牠們。

無尾熊為什麼一整天都懶洋洋的？

快快樂樂的和爸爸、媽媽去動物園拜訪無尾熊，卻只看到牠一整天閉著眼睛睡覺，我們很大聲的叫牠，牠竟然都不理我們。牠怎麼這麼愛睡覺？

其實，不能苛責無尾熊，牠們之所以在樹上總是懶洋洋的，跟牠們飲食的內容有很大的關係。我們都知道，無尾熊是尤加利葉的忠實愛好者，世界上有六百多種尤加利葉，牠們特別偏食，只吃其中的十幾種。令人驚奇的，尤加利葉本身有毒，其他動物根本不敢吃，而無尾熊的腸道內有一種微生物，卻可以輕易的將尤加利葉消化。尤加利

葉是營養成分相當低的食物，一片尤加利葉有百分之五十是水分，百分之四十是纖維，剩下的是蛋白質、醣與澱粉，根本不夠提供無尾熊活動所需的熱量，因此，牠們為了避免體力的消耗，白天大部分的時間就靠在樹幹上呼呼大睡，到晚上才活動。

知識補給站

無尾熊在樹上睡覺，會不會不小心掉下來？不必擔心，牠們有強壯的四肢，爪子也相當銳利，可以緊緊的抓住樹幹，不會掉下來。

無尾熊相當挑食，只吃尤加利葉的嫩芽，一天平均吃六百公克的嫩葉。食物進入肚子裡，經過一個星期的時間才完全消化。

相關單字

- 無尾熊 koala
- 尤加利葉 eucalyptus leaves
- 微生物 microorganism

為什麼有些動物有育兒袋？

在動物園的可愛動物區，我們看到許多澳洲特有的哺乳動物，包括愛睡覺的無尾熊、嘴巴扁扁的鴨嘴獸，還有活蹦亂跳的袋鼠。突然，從袋鼠的肚子裡鑽出一顆頭來，原來有

▲ 可愛小寶寶，趕快長大喔！

一隻小袋鼠窩在媽媽溫暖的育兒袋裡，正準備出來透透氣。其實，不僅是袋鼠，無尾熊媽媽的身上也有一個育兒袋哦！牠們繁殖後代的方法，不同於人類或是牛、羊。

這些有袋類動物和鴨嘴獸等單孔動物一樣，是哺乳動物中較原始的一類。如果從人類生育下一代的觀點來看，牠們所生下的小寶寶，都是名副其實的早產兒，這是因為牠們的媽媽體內，沒有完整的胎盤。

以袋鼠為例，剛生下來的小袋鼠非常小，長約兩公分，體重約只有零點九公克，眼睛也看不見東西。如果袋鼠媽媽就這麼把牠放到外面生活，牠們很快就會死亡。因此，袋鼠寶寶一出生，便緊抓著媽媽身上的毛，一步一步，慢慢爬進媽媽的育兒袋中。育兒袋裡有四個乳頭分泌乳汁，用來哺育小袋鼠，一年後，小袋鼠才會離開育兒袋；但是之後的四個月，仍會把頭鑽進袋裡吸吮乳汁。

無尾熊的生育方式類似袋鼠，不同的是牠的袋口是向後的，專家研究認為，這和牠們在樹上生活有關。小無尾熊的頭在後面，比較不會受傷，無尾熊媽媽的育兒袋也有肌肉，可以防止無尾熊寶寶掉下來

這些有袋類動物的媽媽對寶寶的照顧，可說是無微不至。在牠們出生前，會先用唾液於產道口到育兒袋的入口舔開一條通道，方便寶寶爬行。小無尾熊即使長大到無法鑽進媽媽的育兒袋，媽媽也會把牠背在背上。

為什麼老鼠喜歡到處咬東西？

臺灣有句諺語「養老鼠咬破布袋」，引申的意思是說對某個人好，卻反而害了自己。老鼠很喜歡到處亂咬東西，可是像鞋子、木頭之類的物品，根本不能吃，為什麼還照咬不誤？

原來，牠們是有不得已的苦衷。與其他動物不同，老鼠的門牙從出生到死亡，都會不斷的生長。這是因為牠們的牙齒結構，最外層是最堅硬的琺瑯質，內層則是齒質。

▲老鼠的牙齒終生都在生長。

中間有一層空腔，叫作髓腔，髓腔裡有可以幫助牙齒生長的齒髓。其他的動物於牙齒長成後，齒髓就跟著消失，可是，老鼠的齒髓隨時隨地都在生長，因此，牠們的牙齒就會不斷的變長。老鼠的牙齒一個星期可以長長好幾公分。

因為老鼠的牙齒成長得太快，所以為了不影響牠們進食，牠們只好用牙齒到處磨來磨去，以抑制牙齒長得太快。這就是牠們會把家具、鞋子咬壞的原因。

知識補給站

聰明的科學家利用老鼠牙齒的特點，從牠們的牙齒裡抽取幹細胞，運用基因工程技術，讓沒有牙齒的患者重新長出牙齒。

相關單字

- 老鼠 mouse
- 門牙 incisor / the front tooth
- 牙齒 teeth
- 髓腔 pulp cavity
- 咬 bite

為什麼松鼠的尾巴那麼大？

走在美麗的校園或森林中，常可看見可愛的松鼠在樹林間來回穿梭。牠們迅速的縱上、躍下，讓人擔心牠們一個不小心，從樹上摔下來。不過，身手矯健的牠們，可是一點也不擔心。

▲ 尾巴讓我可以安心的在樹上跑。

原來，牠們之所以可以放心的在樹幹與樹幹間來回跳躍奔跑，是牠們有個大大、長長的尾巴，可以幫助牠們在空中保持平衡。不過，

「人有失足，馬有失蹄」，萬一真的失足從空中跌落，尾巴上的毛也會攤開，像降落傘一樣，減低落下的速度，也就不會受傷。

松鼠的尾巴不僅有這項用途，當寒冷的冬天來臨時，松鼠會將牠毛茸茸的尾巴蓋在身上，全身蜷曲成一團，溫暖的睡個好覺。

此外，科學家近來也發現，松鼠擺動尾巴的方式並非一成不變，有可能是牠們互相溝通的工具。例如當小松鼠遇到危險時，松鼠媽媽會焦急的搖著尾巴，而且在樹上倉皇的跑跳，還不時發出聲音。尾巴對牠們而言，就像無聲的語言一樣

相關單字

- 松鼠 squirrel
- 尾巴 tail
- 平衡 balance
- 降落傘 parachute
- 溝通 communication

飛鼠會飛嗎？

漫步於清幽的山上，仰頭呼吸新鮮空氣，讓芬多精將身上的廢氣帶走。突然，樹上一隻俏皮的，像松鼠的鼯鼠正攀爬著，不過一瞬間，卻見牠張開「翅膀」飛到另一棵樹上。傻眼的你，是否以為自己把蝙蝠看成鼯鼠？

不必懷疑，世界上的確有會「飛」的鼯鼠。牠們又稱「飛鼠」，屬齧齒目的松鼠科。全世界一共有三十五種以上的飛鼠，生活在北美洲、歐洲與亞洲的森林中

名詞注解

芬多精：芬多精是由英文 phytoncid 翻譯而來，它自植物的根莖葉中散發出來，是植物用以抵抗外在病蟲害的武器。研究發現，它能對人類的呼吸系統產生幫助，也間接影響其他生存系統。

。臺灣本島就有臺灣小鼯鼠、大赤鼯鼠與白面鼯鼠三種。雖然卡通裡常看見松鼠們吃著美味的堅果，但是飛鼠的主要食物是樹葉（有些飛鼠甚至吃樹皮）。

說飛鼠會飛，其實是不正確的，因為牠們只是利用連接前、後肢的翼膜，在天空中隨著風勢滑翔而已。當牠們要滑翔時，會先爬到較高的地方，看準要降落的地點，向前助跑跳到空中，然後伸展四肢，翼膜因此展開。牠們通常可以滑翔數十公尺，落在樹幹上，重複同樣的動作

▼飛鼠不會飛，但會滑翔。

，在樹林中悠遊的活動。

飛鼠雖然是生活在樹林裡的代表動物之一，但是對森林的破壞卻是有目共睹。

松鼠與飛鼠都喜歡啃咬針葉樹的樹幹，當樹皮被牠們啃光後，水分無法從樹根流到頂端，便造成樹木冠層枯死，遠遠望去，好像童話人物「小紅帽」的那頂帽子，因此，被稱為「紅帽子」現象，造成林業與國家財政上的損失。

然而，也有專家指出，松鼠收藏果實過冬的行為，可使樹木的種子得以落地生根，長出新幼苗，所以，牠對森林還是有貢獻的。

相關單字

- 飛鼠／鼯鼠 a flying squirrel／a polatouche
- 翼膜 patagium
- 滑翔 glide

跳鼠為什麼可以在沙漠中生活？

沙漠是世界上最乾燥、炎熱的地方，終年的下雨機率相當低，但神奇的是，仍有許多動植物生活其中，大型的哺乳動物以駱駝為代表。除此之外，沙漠中還有許多小型齧齒類動物居住，為了適應惡劣的環境，牠們發展出獨特的身體構造，跳鼠就是其中的代表。

▲ 終生很少喝水的跳鼠。

跳鼠主要分布於亞洲與北非的沙漠，牠們的後腳比前腳至少長四倍，便於遇到危險時快速跳離，同時可以避免身

體與炙熱的沙粒有太大面積的接觸。跳鼠是動物界的跳遠高手，牠們一跳可達四到六公尺的距離，而且連續跳躍也不會累。牠們的尾巴比身體長三倍以上，讓跳鼠在跳躍時能保持平衡。

知識補給站

第一個發現跳鼠並且詳細記錄跳鼠的人，是北宋著名的科學家沈括。他途經內蒙古時發現這種動物，抓了幾隻帶回當時的首都進行研究。

跳鼠奇特的一點是，牠們終生幾乎都不太需要喝水，吃的是完全沒有汁液的植物，那些植物吞進肚子，經過新陳代謝分解後，會產生水分，跳鼠就靠這些水分不斷的在體內循環利用，減少排尿，因而能夠在沙漠中生活。

相關單字

- 跳鼠 jerboa
- 齧齒動物 rodent
- 新陳代謝 metabolism
- 循環 circulate

旅鼠為什麼要集體自殺？

動物有許多令人匪夷所思的行為，讓科學家傷透腦筋，仍無法找出真正的答案。人們以為只有人類這樣的高等動物才有自殺行為，但有一種生活在寒冷北極地區的旅鼠，也會集體跳到海中自殺，這是怎麼回事？

旅鼠屬於囓齒類動物，比我們平常看到的老鼠小一些。在某些地方，有人稱呼牠們為「天鼠」，原因是牠們繁殖力驚人，就像突然從天而降一樣。平常，旅鼠的繁殖能力並不強，一旦遇到氣候舒適、食物充沛的豐年，牠們便像早有約定般，拚命生小旅鼠。

旅鼠的生產力到底有多高，現

在讓我們做些簡單的數學計算。旅鼠一年可以生產七到八次，一次可以生十二隻小旅鼠，因此，一隻母旅鼠一年可以生八十四隻旅鼠寶寶。故事還沒結束，如果生出的旅鼠雌雄各一半，那麼，在第一胎時，等於產生六對旅鼠夫妻。

可怕的還在後頭，小旅鼠不像人類，須經過幾十年才可以再生育下一代，牠們只需經過短短的二十幾天，就可以生小孩了。因此，旅鼠第二代一年又可以生下六胎，每胎十二隻，所以六對一共是四百三十二隻。

如此反覆推算下去，半年之後，旅鼠的總數就接近一百萬隻，多麼龐大的旅鼠軍團呀！

幸好，大自然自有它的法則，

否則以旅鼠的超強繁殖力，地球早就由牠們稱霸。當旅鼠的數量達到某一極限時，很奇怪的，牠們開始做出一些平常不敢做的瘋狂舉動。牠們變得焦躁不安，停止進食，到處跑來跑去，平常膽小的牠們，將身上的毛皮從原本的灰黑色變成顯眼的橘紅色，暴露自己，吸引天敵吃掉牠們。

可是，天敵吃掉牠們的速度有限，因此，牠們決定背起行囊，進行生命中最悲壯的自殺之旅。牠們聚集一塊兒，開始朝同一個方向前進，白天休

▲ 旅鼠用集體自殺的方式來抑制繁殖的數量

息，晚上行軍，翻山越嶺；若是遇到河流阻擋，牠們也不避開，前方的旅鼠自動搭起一座「鼠橋」，讓後方的弟兄踏越過去。終於，牠們走到海邊，沒有發出任何宣言，就這樣，幾百萬隻旅鼠一起跳入海中，一隻一隻向閻羅王報到。

因為牠們會做這種死亡旅行，所以才被稱為旅鼠。不過，並非一股腦兒全部去跳海，牠們會留下一部分繼續繁衍下一代，然後規畫下一次的旅行。科學家認為這是因為牠們繁殖太多，造成食物不足，必須以這種方式解決。至於為何只有旅鼠有這種行為，至今仍是個謎。

相關單字

- 旅鼠 lemming
- 自殺 suicide
- 繁殖力 reproductive capacity

馬的耳朵為什麼會動來動去？

在汽車還未被發明之前，馬是人類出門的交通工具。直到現在，地球上還有幾個地方由於氣候與地形的關係，仍以騎馬為主；有些地方甚至將騎馬當作一種競賽。

你是否仔細觀察過，馬的耳朵在不同的情況，會有不同的方向與姿勢，這是為什麼？

原來，這是馬群表達喜怒哀樂的方法。雖然我們看牠們好像老是掛著一副笑臉，有時候還發出「噗嚕嚕」的聲音。事實上，馬是沒有表情的。因此，要知道馬的心情，便得觀察牠的耳朵。

當馬心情愉快時，牠的耳朵會

高高豎起，摸摸牠的耳根，會感覺相當有力（偶爾會有輕微的搖動）。若是心情不好，牠的耳朵會前後不斷的搖動，好像很不耐煩，這時，可別站在牠身後，否則可能被馬腿踢傷。若是馬感到緊張，會把頭揚起，同時耳朵向兩邊豎起；要是興奮，耳朵則會向後倒。當牠們感覺疲勞，耳朵會向前或兩旁倒下；若是遇到令牠們恐懼的事，耳朵則會緊張的不停搖動。

▼馬的耳朵正透露牠今天的心情哦！

除了耳朵之外，馬還有許多肢體語言，可

以作為觀察馬心情的輔助。比如鼻孔張得很大時，代表牠們正處於興奮或恐懼的狀態，彷彿古代兩軍對峙時，那種血脈賁張的感覺；若是發出一種俗稱「打響鼻」的鼻音，那麼牠們可能是感到不安或是不耐煩。

馬的眼睛和人一樣，生氣時，牠會把眼睛睜得大大的。若是尾巴高舉，則表示當天馬精神良好；要是尾巴夾在大腿中間，則表示害怕畏縮。另外，馬有時也會在地上打滾，放鬆一下自己，可是若打滾太多次，可能是肚子痛。

優秀的馬師能夠透過馬的小動作，了解馬的心情，並且給予馬貼心的照顧，馬也會因此把人當作好朋友。

馬為什麼站著睡覺？

任何動物都有疲累時，需要睡眠來恢復體力。當我們正在床上翻來覆去，想找個最舒服的姿勢入睡時，隔壁的馬廄已傳來打呼的聲音，走近一看，每匹馬好像衛兵站崗一樣，竟然都是站立閉著眼睛呼呼大睡。牠們是怎麼練就這一招站立睡覺的？

事實上，牠們能夠在夜晚站立睡覺，是祖先代代相傳的本領。在野外充滿天敵的環境裡，隨時都有可能遭遇危險，如果躺下來舒服的睡覺，有肉食性動物突然靠近，是無法馬上做出反應的，尤其牠們不像牛、羊，至少有角可以稍作抵抗。馬惟一的專長是奔跑，久而久之，就養成站著睡覺的習慣。不過，也有例外。如果覺得外在環境足以信任，牠們偶爾也會躺下來睡覺。

雖然現在馬可以安全的生活在牧場裡，可是仍保有這個本事。野馬更厲害，牠可以邊睡邊走路，而且不會摔倒。

除了馬之外，生物界中還有許多動物是站著睡覺的，例如驢、象等。

有趣的是，非洲象平常站著睡覺，若是躺下來睡，就是代表生病；亞洲象則是平時側躺著睡，站著睡時，反而代表牠們的身體出了毛病。

相關單字

- 馬 horse
- 野馬 wild horse
- 驢 donkey
- 象 elephant

斑馬的身上為什麼會有黑白條紋？

「行人可以行走」的燈號亮起時，人們即穿越以白色油漆與黑色柏油相間形成的道路。這種道路叫作斑馬線。地球上有一種動物，身上帶有黑白條紋，這種動物就是「斑馬」。

斑馬是生活在非洲大草原上的一種草食性動物。有人很納悶，牠身上如此黑白分明，不是很容易受到肉食性動物（如獅子與鬣狗）的攻擊嗎？當牠們站在一覽無遺的草原上時，豈不是一個很顯眼的目標？

其實，這樣的想法是忘了其他的因素。斑馬身上的條紋，正是牠們施展隱身術的最佳工具。在太陽與月亮的光線照射下，斑馬的輪廓反而呈現一種朦朦朧朧的狀態，一時間還真無法與牠四周的環境分開，使得肉食性動物追捕牠們時，很難測得正確的距離。相對的，斑馬同伴看到黑白的影子快速移動，便知道有危險，也跟著逃跑，這就更使得獅子、野狼個個頭昏眼花

▼斑馬身上的條紋有保護自己的功用。

另外，科學家也研究出斑馬黑白條紋的另一個作用。非洲有一種昆蟲叫舌蠅（又稱采采蠅），會傳播一種叫「昏睡病」的可怕疾病，一旦感染，不管是人或動物，都會

引起發燒、疼痛、精神錯亂，甚至死亡。舌蠅喜歡在動物身上到處叮咬，這也是為什麼我們常在電視節目中看到動物們不斷的搖頭、晃尾巴驅趕蚊蟲。斑馬因為身上有黑白條紋，那些只看得見大塊相同顏色的舌蠅，對斑馬可是一點辦法也沒有。

因此，斑馬一身的漂亮條紋不僅可以迷惑肉食動物，還可以防止蚊蟲近身。有科學家研究指出，事實上，斑馬起初並不是只有黑白條紋一個種類，但是因為其他種類的斑馬無法適應生存環境，所以都被大自然淘汰了。

相關單字

- 斑馬 zebra
- 條紋 stripe
- 保護色 protective coloration
- 舌蠅 tsetse fly
- 昏睡病 African sleeping disease

駱馬是駱駝與馬交配而生的動物嗎？

有一種動物生長在南美洲三千公尺以上的高山地區，外表既像駱駝又像馬，牠的名字就叫駱馬。你也許會憑直覺猜想：既然牠與駱駝、馬這麼相像，會不會是牠們配種而來的？

有趣的是，駱馬這個名字騙倒許多人。駱馬自己有生育能力，因此，並不是不同種的駱駝和馬配種出來的動物。在南美洲還有另外一種動物，叫作羊駝，這個名字也很容易讓人

名詞注解

同種：生物學上所謂的同種，是指「可以交配生出存活且具有繁殖能力的動物」。因此，不同種的馬與驢交配出的騾是沒有生育能力的。白種人、黃種人都是同種的，因此可以生出混血兒。

搞糊塗，以為是羊與駱駝交配而生，事實上也不是。

駱馬與羊駝和駱駝一樣，都是屬於偶蹄目駱駝科的動物，但是駱馬背上沒有駝峰，而且體型比駱駝小很多，身上有一層厚厚的長毛，適合在寒冷的山區生活。

駱馬目前大多被馴化，是一種具高經濟價值的動物。牠們的毛質地相當好，肉可以作為食物。通常，駱馬的脾氣相當溫馴，可是當牠被激怒時，會從鼻孔噴出很臭的液體，因此，最好不要惹牠。

▼像駱駝又像馬的駱馬。

為什麼雄獅身上的鬃毛那麼長？

「萬獸之王」——獅子，是草原上凶猛的肉食性哺乳動物，雄獅和雌獅比起來，更是顯得高大威猛——這是因為牠們的頭與脖子上，長有長又濃密的鬃毛。不過，牠們可不是因為愛漂亮而戴了一頂假髮。牠們的鬃毛有很重要的用途。

過去，有許多科學家針對這個問題提出幾種可能的答案，例如有人認為雄獅的鬃毛和孔雀開屏一樣，

▶濃密的鬃毛是健康的象徵，能吸引雌獅。

只是作為吸引異性的裝飾品；有人則認為那些鬃毛是用來打鬥時保護頭與脖子。不過，最近的研究指出，雄獅的鬃毛是一種炫耀自己優越的東西，它可以用來吸引異性，並把其他雄獅比下去。

原來，科學家們發現，雄獅的鬃毛愈長，顏色愈深，牠們血液中的雄性激素睪酮就愈高，代表這頭獅子的健康狀況良好。很久以前，獅子就懂得優生學，雌獅對這些健康的雄獅特別感興趣。若是有其他雄獅看見較健康的同性獅子，就退避三舍。

然而，要留一頭漂亮的鬃毛是要付出代價的，就像我們在大熱天蓋棉被一樣，雄獅必須忍受酷熱；想要傳宗接代，只好犧牲一點了。

雄獅真的比雌獅懶惰嗎？

過去，我們常說「男主外，女主內」，意思是以前的農業社會，都是男主人出去田裡工作，女主人在家裡整理家務、照顧小孩。這種生活形態，可不是每種動物都一樣，如雄獅便常常懶洋洋的躲在樹蔭裡睡大覺，任由雌獅辛苦的照顧調皮的小獅子與狩獵。雄獅真的如我們所說的「吃軟飯」嗎？

獅子是惟一喜歡群居的貓科動物，一個獅群大約有二十到三十隻獅子，由一隻雄獅擔任領袖，帶領其他獅子生活在一起。由於是群居生活，因此，每隻獅子各有各的工作與任務。雄獅通常不會與獅群聚在一塊兒，而是在獅群的四周徘徊守衛，避免其他獅群侵入。牠們會用尿液與吼叫來畫分界線。獅子的吼叫聲通常在五公里外也能聽見；若是真遇到外來的挑戰者，獅群的領袖就必須接受戰鬥，在生死之間決一勝負。當獅群裡的小獅子在五歲成年後，也會向老獅王下戰書，打贏了，就成為新的統治者。

▲ 雌獅負責照顧小獅子與狩獵的工作。

因此，雄獅在獅群裡是負責守衛、巡視的工作。所以，平常時候就只看見牠們在四周的草叢中納涼，大部分的狩獵工作都交給雌獅；同時，雄獅的漂亮鬃毛太明顯，也不適合躲躲藏藏的打獵工作。這，就造成我們認為雄獅比較懶惰的印象。

獅子常於清晨、黃昏或晚上才開始打獵，花費時間大約只有兩到三小時，其餘時間就無所事事。牠們狩獵的成功機率並不高。雖然牠們可以以六十公里的速度狂奔，可是許多獵物的速度還是比牠們快。幸好牠們的耐力驚人，飽餐一頓之後，撐一個星期不吃都沒問題。

知識補給站

雌獅辛苦捕到獵物後，獅群會一擁而上，雄獅往往享用最好的肉，然後才是雌獅，小獅子最後可能只吃到零碎的肉屑，甚至沒得吃。

相關單字

- 雄獅 male lion
- 雌獅 female lion
- 狩獵 hunting
- 吼叫 roar
- 守衛 guarding
- （獅的）鬃毛 mane

老虎與獅子有可能在野外碰頭嗎？

人們對於凶猛的動物總是存著害怕的心理，牠們齜牙咧嘴的模樣，總是被拿來作為強者的象徵，因此，有些比賽常被比喻為獅虎爭霸。在野外，可能看見獅子和老虎打架的畫面嗎？

答案是不可能的。獅子分布於非洲地區，在撒哈拉沙漠以南的草

▼ 獅虎爭霸的場面不太可能出現。

原上經常可以看到，因此又被稱為草原之王；老虎則生活在亞洲地區，是最大型的貓科動物，也是陸地上最大的肉食哺乳動物之一，又被稱為森林之王。牠從未出現在非洲。因此，獅與虎可說是王不見王，彼此不認識對方，更別提是否會打架。

不過，還是有好奇的人喜歡研究如果老虎與獅子打架，到底誰會勝出。若是單打獨鬥，老虎這種獨居性的動物勢必可以把獅子擊倒；可是獅子是群居的動物，因此老虎敵不過一群獅子的集體攻勢。

有意思的是，虎與獅是近親，兩者可以交配生出後代，雄獅與雌虎生出的後代叫做獅虎；雄虎與雌獅生出的後代則稱為虎獅。

美洲虎是虎嗎？

我們提過，虎是亞洲獨有的貓科動物，牠們生活在亞洲的各個地區，從北邊寒冷的西伯利亞到南方溼熱的孟加拉森林裡，都可以看到牠們的蹤跡。可是，美洲地區有一種以「虎」命名的貓科動物，叫美洲虎，這豈不是很矛盾？

事實上，美洲虎並不是虎的一種，牠又被稱為美洲豹，主要生活在美國西南部一直到阿根廷的森林

◀不是虎的美洲虎。

與沼澤地帶，目前被列為瀕臨絕種的動物。

美洲虎的體型僅次於虎與獅，是美洲地區體型最大的貓科動物。牠身上的花紋像花豹，體態卻像虎，當初人們不知道牠是什麼動物，也沒看過真正的虎與豹，只好叫牠美洲虎或美洲豹。和虎一樣，牠們也是獨居的動物，擅長爬樹與游泳。

另外，美洲地區還有一種美洲獅，牠被印地安人稱為「山上的幽靈」，可以在不知不覺中悄悄接近獵物，利用牠強而有力的四肢與牙齒捕抓獵物。因為受到過去人類的大量捕殺，如今，數量已銳減許多

相關單字

- 美洲虎 / 美洲豹 jaguar
- 美洲 America
- 老虎 tiger
- 貓科動物 feline / felid / felidae

狼為什麼要嗥叫？

許多恐怖電影，片中發生可怕事情之前，總會先有一段狼嗥加強氣氛，讓人感到毛骨悚然。

狼可不是為電影公司配音才發出嗥叫，牠的叫聲是有特定意義的。

狼是屬於犬科動物，是其中體型最大的一種，與我們平常所看到的狗是近親關係，因此，有許多相似之處，包括會用糞便與尿畫分領地，在族群裡也有社會等級等等。

▼啊嗚——開飯了！

狼與狗一樣，也會利用聲音作為語言，來回應外在的環境。不同的是，狗可以發出各種不同的聲音，表達不同的情緒，狼則只有兩種：一種是警告，警告同族的狼群危險與獵物的來臨；另一種也是警告，警告其他狼群不要侵犯牠的領土。當深夜一隻狼開始嗥叫時，其他的同伴也會此起彼落的跟著附和，宛如合唱一般。

有趣的是，狗與狼雖是近親，可是彼此的叫聲並不相通，所以對狼而言，狗吠聲猶如外國語言一樣，聽不懂。另外，值得一提的是，狼雖然比狗常嗥叫，牠們卻用更多的臉部表情來溝通。動物學家發現，狼共有六十多種不同的臉部表情，可說是表情豐富的動物。

狼真的是邪惡的動物嗎？

中國有許多用狼來形容壞人的成語，例如「狼狽為奸」、「狼心狗肺」等。在西方國家，狼也被認為是窮凶極惡的動物，月圓時分的狼人傳說、小紅帽與三隻小豬裡的大野狼，都把狼塑造成貪婪、邪惡的形象。

這種刻板印象，加上電視節目裡狼群齜牙咧嘴的模樣，夜裡傳來狼孤獨悲傷的嗥叫聲也會被扭曲成準備向人類攻擊的號角。狼真有這麼壞嗎？

天地萬物自有各自的生存法則，有的動物吃草，有的吃肉，本身並沒有善惡對錯的分別。人們卻習慣將自己主觀的善惡加在動物身上，因此吃草的兔子、綿羊、象就是可愛、善良的；至於大口享用生肉的豺狼虎豹就是邪惡的，特別是有銳利眼神的狼，更令人望而生畏。

然而，狼群若不是被逼得走投無路或是小狼被抓走，是不會主動攻擊人類的。

過去，廣大的土地尚未住滿人類時，狼與人類各安其分；等到人類一再開發新土地，狼群的領土與人類住家相互重疊，才產生問題。

動物學家們指出，狼是整個生物鏈當中重要的一環，牠可以幫助牛羊群篩選較優良的品種繁衍下去，同時控制整個生態圈的平衡。

在二十世紀初期，美國有一地方約有四千隻鹿與一群狼居住，結果人類基於保護鹿群，竟將整個狼

群殺光。

過沒多久，鹿群繁衍過多，樹木、青草被啃光，鹿群也從最多的十萬隻減到一萬多隻，這時，人們才意識到狼群被冤枉了，趕緊從其他地方引進狼群，整個生態系統才逐漸恢復平衡。

過去，人們總抱著「我不殺牠，牠就會攻擊我」的錯誤心理，因此，大量捕殺肉食性動物，如臺灣黑熊、雲豹、狼等等。然而，人們並不曉得，這些動物對人也存有懼怕的心理，寧可躲得遠遠的。狼並不是邪惡的動物；相反的，牠們也許認為人類才是邪惡的呢！

相關單字

- 狼 wolf
- 生物鏈 food chain
- 邪惡 evil
- 生態系統 ecosystem

狐狸真的很狡猾嗎？

記得童話故事都把狐狸形容得相當狡猾嗎？牠們會使計謀騙取烏鴉口中的肉，也會狐假虎威的嚇唬老虎，甚至老實的山羊也中了牠的詭計，牠真不愧是詐騙集團的老祖宗。不過，我們也不能怪牠太愛耍計謀，這是牠在野外殘酷的生存環境中所必備的技能。

狐狸和狼一樣，是犬科動物。牠又被稱為紅狐，因為牠的毛帶有一點紅色。牠們雖然被歸為肉食動物，可是食物的範圍相當廣，從水果、昆蟲幼蟲到松鼠等，都能接受

狐狸善用詭計，是因為牠們雖是肉食動物，但受限於體型不大，要捕捉大型獵物不太容易，甚至牠

們也會被其他肉食動物獵殺。當四肢敵不過人家時，牠們就轉而善用聰明的腦袋。牠們最大的敵人是獵人與獵犬，不過牠們並不十分害怕，牠們會記住每個獵人設下的陷阱，然後在陷阱處留下一股臭味警告同伴；當獵犬追逐牠們時，牠們會邊跑邊觀察地形，把獵犬引到冰塊較薄的地方，讓獵犬跌到水裡。

▼詭計多端的狐狸。

除此之外，狐狸也是演技派的動物，在打獵時，會跟同伴合作，裝瘋賣傻，演

出逼真的打架場面，或是假裝受傷，躺在地上呻吟，附近好奇的兔子與鳥因此探頭出來觀看，一個不注意，狐狸就猛然撲向牠們，因此得逞。

另外，有趣的是，當狐狸想吃水上的鴨子時，牠會先放一些枯草漂到鴨子身邊，等鴨子習慣這些枯草後，狐狸就咬著枯草，悄悄接近鴨子，然後咬住鴨子，這樣，牠的計謀又成功了！

不僅如此，狐狸把牠的聰明發揮得淋漓盡致，牠的洞穴出入口有好幾個，裡面錯綜複雜，像是迷宮。由於狐狸有這麼多聰明的生活技能，甚至聰明的獵人也被牠們耍得團團轉，因此，狐狸就被形容為狡猾的動物。

為什麼河馬的身上有時會流血？

河馬是一種水陸兩棲的動物，一天中絕大部分的時間都窩在水裡舒服的泡澡，頂多只看見鼻子、眼睛與耳朵露出水面。

小小的眼睛配上大得驚人的嘴巴，河馬的長相真是怪異，更怪異的是，當牠浮出水面時，油油亮亮的皮膚上竟然滲出大片的血，而河馬卻一副若無其事的樣子。牠不是受傷了嗎？

事實上，那並不是河馬受傷流出來的血，而是紅色的黏液。河馬的皮膚細緻又有光澤，像嬰兒的皮膚。牠們沒有汗腺分布在上面，不會流汗讓體溫降低與滋潤皮膚。平常，河馬泡在水裡，這個問題還不大，一旦出了水面，皮膚經陽光一晒，便有可能乾裂開來，真的流血。因此，牠們便從皮膚裡特殊的腺體自行製造潤膚液，這種液體最初是透明的，經常被認為是河馬流汗；漸漸的，幾分鐘內轉變成紅色，就像全身流血一樣，成為河馬的註冊商標之一。

科學家研究出河馬身上的黏液不僅具潤膚效果，還有很好的防晒功能，而且可以抑制一些病菌的生長，不過，你去動物園時，可不要將河馬身上的黏液往身上抹，因為河馬可能因此大發雷霆。除此之外，這種黏液的味道也不好聞，建議你，還是買瓶香香的防晒乳吧！

河馬如何潛水？

河馬長相特異，白天盡量在水裡嬉戲、打架、沖涼，到了晚上才到岸邊覓食。雖然河馬傷人的事件時有所聞，可是，河馬是道地的素食主義者，一天當中，牠們平均吃掉一百三十公斤的草，真是名副其實的大胃王。牠們會攻擊人或其他動物，有可能是因外物不小心招惹到牠們。

河馬的眼睛、鼻子與耳朵都長在頭頂上，方便牠們在水中也可以觀察四周的動靜，這種身體構造和鱷魚一樣。當牠們潛入水中時，仍然是用腿走路，同時會將鼻孔與耳朵關閉，一次可以潛水三到五分鐘，最長的曾經超過三十分鐘。

河馬雖然是群居的動物，一個族群大概有十到二十隻，可是牠們各自有自己的地盤，若有其他河馬侵入，必大打出手，這時，就會看見兩隻河馬張開大嘴，露出長達四十公分的牙齒互相示威。牠們打起架來，可是六親不認呢！

河馬成年後，很少有天敵。動物學家調查發現，小河馬雖然有可能被獅子或鱷魚吃掉，可是更多時候，是被成年河馬於打架時不小心咬死或踩死。打架真是害人害己啊

▼小眼睛大嘴巴的河馬。

貓熊真的只能吃竹葉嗎？

生活在中國大陸山區的貓熊是世界上的稀有動物，憨厚渾圓的外型與各種逗趣的模樣，深受大家喜愛。

據估計，目前世界上剩下不到一千隻的貓熊，除了人類不斷的侵擾牠們的環境與獵捕牠們外，和牠們的飲食習慣也有很大關係。

原來，貓熊早在兩百萬年前就出現在地球上，當時還有如劍齒象等古生物。目前，只剩貓熊存活下來，因此，有人稱牠們為活化石。

動物學家

知識補給站

究竟是「熊貓」，還是「貓熊」？因為臉形像貓，因此，起初是命名貓熊。可是，在一次展覽時，人們卻由右至左念成熊貓，從此，就錯念為熊貓。

們研究，貓熊在動物分類上是屬於食肉目的動物，而且牠們的消化系統是專門用來消化肉類食物的。可是，由於周圍環境的限制，獵捕其他動物作為食物並不容易，因此，最後牠們選擇竹葉作為主要食物。然而，牠們的食肉性腸胃對於植物的吸收能力有限，因此，必須每天辛苦的尋找竹子。據動物學家調查，貓熊每天要花十二個小時尋找食

▼珍貴的動物——貓熊。

物，吃下十四公斤的竹葉。牠們的特徵除了明顯的「黑眼圈」雙眼外，和其他熊類不同的地方，在於牠們的前掌有六根手指，方便貓熊緊抓住竹子進食。

不過，可別以為貓熊從此就只吃素。牠們偶爾會開開葷。牠們的食物裡，有百分之九十九是竹葉，其餘的會捕食如竹鼠這種小動物作為補充。

動物學家曾發現，雌貓熊在懷孕期間會吃一些腐肉來增加體力。大家不必擔心，貓熊並不會主動攻擊人類；真的遇到人類，躲不掉的話，反而會害羞的將頭埋在前掌中，背脊拱得高高的，用來表示牠們害怕或生氣，像個大家閨秀一樣。

不幸的是，全世界有一千兩百

種竹子，貓熊只吃其中四十種，而且只有二到六種是牠們的最愛。這些竹子每次開花的間隔相當長，大約每三十年到八十年才開花一次。因此，當貓熊把一個地區的竹子都吃完時，除非附近山區還有竹子生長，否則，牠們就面臨挨餓的困境。

即使目前人工繁殖的技術已經相當進步，可是由於貓熊本身擇偶條件嚴格，照顧貓熊寶寶的時間也比較長，而且不能經常受孕。更糟糕的是，雌雄貓熊有很高的比例都是不孕或不育的，傷透培育人員的腦筋，因此，貓熊的數量始終無法增加。

相關單字

- 貓熊 panda
- 活化石 living fossil
- 肉食動物 carnivore
- 竹子 bamboo
- 竹鼠 bamboo rat

食蟻獸是怎麼吃螞蟻的？

人類與螞蟻長久以來都處於對抗的局面，放在桌上的蛋糕，一個不留神，可能馬上被螞蟻雄兵占領。將牠們撲滅後，不久，又會從其他地方冒出來。你是否希望有一種動物可以和貓捉老鼠一樣，對付螞蟻？自然界的確有一種動物專吃螞

▼充滿愛心的食蟻獸媽媽，背著小食蟻獸到處覓食。

蟻與白蟻，那就是食蟻獸。

食蟻獸主要分布在中南美洲的熱帶森林中，屬於貧齒目動物，體型從只有約三百五十公克重的小食蟻獸到重達二十五公斤的大食蟻獸都有。大部分的食蟻獸，嘴裡並沒有半顆牙齒，整個頭部就像一個漏斗。牠們有一個功能強大的尾巴，大食蟻獸的尾巴可以長達一公尺，在下雨天或是熱天時當作雨傘遮風擋雨。由於牠們是夜行性動物，所以白天睡覺時，毛茸茸的尾巴就變成一張舒服的毯子，蓋住頭與身體，呼呼大睡。

食蟻獸以吃螞蟻與白蟻為生，牠們會先用強壯有力的前腳扳開蟻窩，趁著螞蟻四處逃竄時，伸出長達三十公分的舌頭，用舌頭上的黏

液黏住螞蟻，唏哩呼嚕的把螞蟻吞進肚子。牠們平常走路時，會用管狀且靈敏的鼻子嗅出螞蟻的味道。

食蟻獸是動物界的模範媽媽，對小食蟻獸的照顧非常用心，有時會把小食蟻獸背在背上，到處覓食。雖然食蟻獸的外形有點可怕，可是，牠們的性情相當溫和，除非遇到危險，無法逃脫的情況下，才會坐在地上，豎直身體，用前爪攻擊對方，而且嘴裡發出奇怪的口哨聲，藉此嚇走對方。

以後家裡又有螞蟻肆虐時，也許可以找隻食蟻獸幫忙，不過，牆壁可能被牠挖得破碎不堪。

相關單字

- 食蟻獸 mymecophaga tridactyla / anteater
- 螞蟻 ant
- 白蟻 termite
- 舌頭 tongue
- 黏液 mucus
- 爪子 claw

豬真的不愛乾淨嗎？

人們有時會以「豬」字形容人太笨、太不衛生、太貪吃，好像豬集所有缺點於一身。可是，動物學家發現，豬實在是被冤枉。

豬真的很笨嗎？這一點，真是大錯特錯。豬是所有家畜中智商最高的，甚至狗的智商都比牠少很多。狗因為喜歡與人相處，為了討好主人，可以卑躬曲膝；豬不一樣，牠對人沒有太大的興趣，因此，反而被認為比狗還笨。狗要聞一聞自己的糞便後，才知道能不能吃；豬在吃菜時，卻可以直接把爛葉子挑出來不吃。當人類要從豬圈裡抓牠時，牠會緊貼牆角，低垂著頭，直到你伸出手來，才咬你一口；反觀狗，只會一股腦兒往前衝，不會有什麼策略。

豬真的不愛乾淨嗎？這，又是人類對牠的錯誤印象。豬可是衛生習慣相當好的動物，在豬圈裡，牠把睡覺和大小便的地方分得清清楚楚，絕不會把廁所當床睡，而且十分注重水的乾淨程度。可是，被人類豢養，牠們只能窩在小小的豬圈裡打滾，喝髒水，結果就被留下不愛乾淨的印象。

▼人類對豬有太多的誤解。

此外，豬也不是真的很愛吃，而是牠們的飲食習慣本來就是這樣。牠們一天可以吃很多餐，每餐吃飽後，不會再暴飲暴食，不像有些人即使吃飽，看到美食還想再吃。不過，牠們吃完一餐後，很快就會餓，需要再吃一頓。因此，乍看之下，以為豬一整天都吃個不停。

知識補給站

西遊記裡豬八戒的形象，讓大家以為豬很好色，事實上，豬的發情期只有固定幾天，比起人類，牠算是清心寡欲的。

豬是美食專家，牠們吃東西，總是細嚼慢嚥，仔細品嘗各種美味，而且對於能吃不能吃的東西分得很清楚，不能吃的，根本連動都不動。

現在，你對豬的看法應該改觀，不要再誤會牠們咯。

豪豬的身上為什麼長那麼多刺？

有一種豬，身上長滿刺，如果牠向你衝過來，得趕快離開，否則被牠刺到，可是很痛的。牠，就是豪豬。

▲ 豪豬身上的刺，主要作用是保護自己。

豪豬又名箭豬，生長在東南亞、中國大陸、香港與尼泊爾等地，屬於齧齒目豪豬科動物。牠們以

地洞為家，大多在夜間才出來活動

豪豬從背部到尾部都長著倒鉤的刺，主要作用是保護自己。

根據研究，豪豬最早的祖先並沒有長這些刺，只覆蓋著鬃毛，可是為了適應充滿天敵的環境，鬃毛才逐漸演化成刺。

當豪豬遇到天敵，如虎、獅等，牠會豎起身上的刺，刺與刺摩擦產生「刷刷」聲，而且牠還發出「噗噗」的叫聲，企圖嚇跑對方；如果對方不為所動，牠就背向對方，那不是要逃跑，而是將背後的刺刺向對方，讓天敵知難而退。

不像蜜蜂尾部的刺只能刺一次，刺完，蜜蜂的生命也結束；豪豬的刺在刺完對手後，會重新長出來，因此，牠們可說是彈藥充足呢。

臭鼬為什麼那麼臭？

當眾放臭屁被認為是沒有禮貌的行為，可是自然界中有一種奇怪的動物，為了生存，會把屁股對著其他動物，噴發出奇臭無比的氣體。什麼動物這麼不講衛生？原來是臭鼬。

臭鼬就是童話裡提到的黃鼠狼，學名叫作黃鼬，屬於食肉目鼬科。牠們的肛門附近有兩條腺體，當遇到敵人或是自己獵捕小動物時，會發出一股難聞的臭味，讓對方招架不住，不是落荒而逃，就是被薰昏而束手就擒。

有趣的是，我們常在故事裡讀到黃鼠狼潛入農舍偷吃雞蛋與雞肉，因此是很可惡的動物。事實上，黃鼠狼並非一無是處，牠們可是農莊裡捕捉田鼠的高手。牠們獵捕田鼠的方式很特別，將屁股朝向田鼠出沒的洞口，連續施放臭氣，讓田鼠臭得昏倒，甚至窒息而死。若田鼠未死，爬出洞口時，黃鼠狼便將田鼠一把抓住，享受一頓大餐。

▼我很臭，不要惹我！

據調查，黃鼠狼一天能吃三到五隻田鼠，一年下來，就有幾千隻之多。

除了田鼠，臭鼬還

會吃有毒的蜈蚣、蝗蟲與青蛙等，所以，牠們對農人還是有貢獻的。偶爾吃幾隻家禽，就當作是農人給牠的報酬吧！

我們常看到的臭鼬，是生活在北美洲一帶的美洲臭鼬，牠們身上有一條條黑白相間的毛，正好警告要騷擾牠的動物，牠是世界上最臭的動物。當牠遇到攻擊時，會跑到離敵人一百公尺的上風處，把尾巴翹起來，盡情的噴出臭氣，臭氣之臭，可以把五百公尺外的獵人與獵犬趕跑。在方圓兩百到三百公尺的範圍內，沒有任何會呼吸的動物敢接近牠。

相關單字

- 臭鼬/黃鼠狼 skunk/ mustela sibirica（學名）
- 腺體 gland
- 屁 flatus
- 田鼠 vole

河狸為什麼要築堤？

人類修築水壩儲存珍貴的水源。水壩的興建是一項浩大的工程，需要一群技術精良熟練的建築工人及頭腦精明、思慮周到的工程師，才能將水壩蓋得既堅固又美觀。動物界中也有河狸這種會修築堤防水壩的動物，一生中大部分的時間都花在這項工作上，因此，被譽為動物王國中的土木工程師。

河狸，也有人稱牠們為海狸，與老鼠是近親關係，同屬於齧齒類動物，不過，牠的外表相當奇特，是從牠們的生活習性演化而來。

河狸全長約七十到一百公分，頭部圓圓的，前腳雖小，可是有銳利的爪子。後腳腳趾間有蹼，方便他們在水裡游泳。牠的尾巴既扁又平，充滿鱗片，像是船舵，可以調整游泳的速度與方向。牠們的毛附一層油質，因此，潛水後，不會滿身溼答答。

很多人常將河狸與另一種類似的動物水獺搞混。與河狸不同的是

▲ 動物界的工程師——河狸。

，水獺不會蓋堤防。河狸所以會修堤建壩，主要是基於自衛。牠們將巢穴建在水底下一公尺的地方，怕河床乾枯，露出牠們的家，因此，就在洞口上建河壩攔住水流。

河狸建水壩的技術相當巧妙，而且工具一應俱全。

首先，充當伐木工人，用大又銳利的門牙將樹幹咬斷。一段碗口粗的樹幹，牠大約五分鐘就能弄斷，而且讓樹木倒向靠水的一邊；如果樹木離水太遠，則充當水利工程師，在地上挖條小運河，讓樹木隨河水流到「建築工地」。

當樹木都

知識補給站

河狸的肛門附近有一對腺體，會發出一種叫河狸香的香味。由於牠們的毛皮質地相當良好，因此，被人們大量捕殺，有些地區因此將牠們列為保育類動物。

堆好後，河狸就用前腳把泥土與石頭填滿樹木的空隙，這樣，一個水壩就蓋好了。

河狸蓋的水壩可長達兩百公尺，寬四公尺，高兩到三公尺，相當有規模。

在美國，有些河狸的水壩甚至長達七百公尺。

有趣的一點是，河狸的家是用樹木與泥巴蓋成的兩層洞穴，上面一層供牠休息睡覺用，下面一層則是儲藏室。牠們非常愛護自己的家，只要有垃圾進入，就會趕快清理乾淨。動物界中的最佳清潔員，非牠們莫屬。

相關單字

- 河狸 beaver
- 堤壩 dikes and dams
- 巢穴 lair
- 蹼 web

為什麼有些動物會冬眠？

在寒冷的冬天，人們穿著厚重的外套，仍到戶外踏青。在森林中，卻很少看到動物出沒，難道牠們全躲在家裡取暖嗎？

事實並非如此，牠們正在家裡呼呼大睡，度過一整個冬天。在野外生活，並不像在家裡那麼簡單。惡劣的環境裡，萬物蕭瑟，樹木不結果實，不長樹葉，河水、湖水可能結冰，因此，為了避免多餘的熱量消耗，使得糧食不足，動物們就想出一個聰明的方法——睡覺。許多動物，包括北極熊、刺蝟、松鼠及其他冷血動物（如蛇與蛙等），都是利用冬眠來消磨整個冬季。科學家們對動物冬眠的行為研究了很

長時間，終於發現牠們的血液中有一種可以誘發動物睡覺的顆粒狀物質，稱為冬眠激素，這種激素一旦產生，動物便開始感到神經麻痺而昏昏欲睡。有趣的是，科學家也同時發現動物的血液中有另一種對抗冬眠激素的物質，可以幫助動物在春暖花開時漸漸甦醒。動物冬眠與

有些哺乳動物（像蝙蝠、松鼠、北極熊等）會利用冬眠度過寒冷的冬天。

否，就看這兩種物質在血液中的比例而定。

一旦進入冬眠狀態，動物的體溫降低，百分之九十八的新陳代謝停止，整個樣子就像死去一般，怎麼搖牠、吵牠，甚至用針刺，牠都不會有反應。刺蝟在冬眠時，更是連呼吸都不必，要把牠放在溫水裡泡半個小時，才會醒來（平常泡幾分鐘就可能溺死）。

目前，科學家尚未完全揭開動物冬眠的奧祕，但是聰明的牠們已經想到可以利用這一點，從事許多過去無法達成的事，例如長距離的太空旅行與醫學用途。

相關單字

- 冬眠 hibernation
- 神經 nerve
- 痲痺 paralysis
- 冬眠激素 hibernation hormone
- 新陳代謝 metabolism

為什麼浣熊吃東西前喜歡把食物用水洗過？

吃東西之前，媽媽總是提醒我們要先把手洗乾淨，以免把細菌吃進嘴裡。動物界有一種動物，也喜歡在吃東西前把食物泡在水裡，而後才開始進食，那就是浣熊。

浣熊屬哺乳綱，浣熊科，尾巴有五六個黑色條紋，是生活在美洲的一種肉食小動物。如今已漸漸趨向雜食。牠們的模樣可愛，眼睛周圍有一圈黑色的毛，看起來像沒睡飽的樣子。

浣熊因為喜歡洗滌食物，因此得名。可是，牠這個動作並不表示

相關單字
- 浣熊 raccoon
- 洗滌 wash

浣熊注重衛生，有時牠用的水還比食物骯髒。即使在水裡抓到獵物，牠也會習慣性的往水裡泡一泡；因此，浣熊並不是有潔癖才這麼做。

動物學家還不是很確定浣熊把食物泡洗的真正原因（有可能是牠們天生喜歡吃泡過水的食物吧）。當牠們捉到魚時，會用牠有五根趾頭的前爪將魚肉抓一片就泡水一片，這樣，一片一片把魚肉吃乾淨。

雖然我們還不知道浣熊將食物泡水的原因，不過，小朋友還是別忘了，要養成飯前洗手的習慣哦！

▼習慣將食物泡過水才吃的浣熊。

「四不像」是什麼動物？

我們形容一件事不合法度或一個人穿著不倫不類為四不像。真的有「四不像」這種動物嗎？

世界上，的確有「四不像」這種動物，原因是四個部分「像」，才得名：牠的角像鹿，但不是鹿；蹄像牛，但不是牛；身體像驢，但不是驢；頭像馬，卻不是馬。四個像的部分組合起來，就是四不像。

事實上，四不像只是一般人對牠們的稱呼，牠的正式學名是「麋鹿」；所以，牠還是屬於鹿家族的一員。牠起源於中國，是相當稀有的草食性哺乳動物，牠們的身世坎坷，於清朝時，被各國明搶暗奪，竟從此在中國本地絕跡。直到一九五六年，英國為表示友好，將數隻麋鹿送回中國，這群在外國長大的中國動物才回到牠們的故鄉。

▲ 我誰都不像，我叫四不像。

麋鹿的身形相當高大，可以長到一百七十到兩百二十公分。和其他的鹿一樣，長有美麗的角，最長可達八十公分。牠們主要生活在沼澤地區，因此，常在水裡泡一泡。河邊的水生植物是牠們喜歡吃的食物。

相關單字

- 四不像/麋鹿 moose
- 鹿 deer
- 牛 cattle
- 驢子 donkey
- 馬 horse
- 沼澤 marsh

什麼是鹿茸？

鹿是一種溫馴的草食性動物，在草原上遇到敵人時，只能拔腿狂奔。牠們最大的特徵，就是頭上兩根像樹枝像珊瑚的角。不同的鹿，角的形狀就不同。鹿角的另一個名稱，就是鹿茸。

鹿茸指的是鹿頭上那兩根尚未骨化而且長有茸毛的角。鹿角不像牛角，長到一個程度就不再生長，牠們的角每年更換一次。當鹿角還在成長時，外面包著一層茸毛，裡面

▼鹿茸是指未骨化且有茸毛的鹿角。

有血管輸送養分。鹿茸完全長成後，會產生鈣化作用，血管逐漸收縮，外面的茸毛變得乾燥，容易脫落。通常，兩天之內，茸毛就會掉光。以梅花鹿為例，牠的角在八月就會變得很硬，隔年的四五月就掉落，再長出新角。

不過，並非所有的鹿都會長鹿茸。除了馴鹿外，其他的鹿只有雄性才會長角，這是因為雄鹿在求偶期要打贏其他雄鹿，才能抱得「美鹿」歸，所以，必須有角作為武器。

鹿茸一向被認為具有強身健腦、增強身體機能等功能，因此，人們殘忍的鋸掉鹿茸作為藥材。

相關單字

- 鹿 deer
- 鹿茸 the hairy antlers of a young stag
- 鹿角 deerhorn

怎麼區分海豹、海獅、海狗與海象？

我們常分不清海豹、海獅、海狗與海象，因為牠們實在太像了。現在，就讓我們來了解一下牠們的差別。

海豹、海獅、海狗與海象在動物分類上，都屬於鰭足目動物。顧名思義，牠們的四肢都演化成鰭狀，身體是適合在水裡活動的流線型，大部分的時間，牠們都在水中生活，只有休息與繁殖時才會上海岸。在某些地方的海邊，常可看見數以百計的鰭足類動物棲息，可說相當壯觀。

廣義來說，海獅、海狗與海象都屬於海豹的一種，但是分別歸在

▲ 海狗

▲ 海獅

▲ 海豹

●看得出來牠們哪裡不一樣嗎？

▲ 海象

不同的科別。海豹主要有三種：有耳海豹、無耳海豹與海象。有耳海豹包括海獅與海狗，兩者的差別在於海獅就像牠的名字，雄海獅的脖子上有類似獅子的鬃毛，海狗則沒有，而且臉也比較短。海獅的記憶力強，可以學習許多技巧；海狗則不行。

知識補給站

有人認為根本沒有所謂的海狗，可能原因在於從牠的英文名稱看來，海狗只是海豹中有耳朵的一種而已，也可能是一種全身長有絨毛的海獅。

無耳海豹就是我們一般常說的海豹，不過，可別以為牠沒有耳朵，牠只是有個退化的耳殼，不像海獅與海狗，還可看到兩個小耳殼。另外，海豹的後腳已經退化到不能彎曲，因此，不像海獅與海狗可以用四肢走路。海豹只能拖著肚子，用前腳在地上爬行。

海象是最好辨認的一種鰭足動物，因為牠的嘴有一對長長的牙齒，和陸地上的象一樣，不過，牠們不論雌雄都有這對長牙。牠們的長牙可以用來敲破冰塊或是挖掘藏在沙裡的貝殼。若是有人招惹牠們，牠們也可以把牙齒作為武器來攻擊。海象體型巨大，長大後重達一公噸以上。全世界的海象只有一種，生活在北方寒冷的海域中。

知識補給站

海豹、海獅與海狗的胃裡經常被發現石塊，科學家猜測這些動物可能和鳥類一樣，用石塊來磨碎食物；不過，也有人認為這是為了殺死寄生蟲。目前仍未有確切解答。

相關單字

- 海豹 seal
- 海獅 sea lion
- 海狗 fur seal / eared seal
- 海象 walrus/ elephant seal
- 鰭足類 pinniped

毒蛇的剋星是什麼動物？

所謂一物剋一物，再怎麼凶猛的生物都有牠的罩門。夏天的山區常見許多蛇類出沒，若是遇到毒蛇，更令人膽戰心驚。然而，偏偏有一種動物不怕毒蛇，這種動物叫作「獴」，堪稱是捕蛇界的第一高手。

▼捕蛇高手──獴，群起站立，四處張望的情景，可以說是非洲原野的象徵。

獴的體型只有三十公分到四十公分大，有時甚至比牠所獵殺的毒蛇小上兩倍。牠的四肢短小，有一口尖銳的牙齒。獴生活在亞洲與非洲地區，屬於肉食目中的靈貓科動物。毒蛇並不是牠們惟一的食物，各種昆蟲、小動物等，都是牠們的美食佳肴。

知識補給站

獴不僅會殺蛇，還是破蛋高手。牠有兩種方法：一種是前爪抓住蛋，把蛋滾到後腳岩石；另一種是抱住蛋，突然向前撲倒。很有趣吧！

當獴遇上毒蛇時，彷彿遇見仇人一般，全身的毛頓時豎起。毒蛇自然不能輸了這氣勢，也張大嘴巴，凶惡的瞪著獴，一場精采的大戰就此展開。獴不會急於發動攻擊，牠會先在毒蛇四周跳來跳去，把毒蛇激怒。毒蛇伸直脖子向獴

進攻，可是身手矯健的獴很容易就能躲過。這樣重覆幾次後，毒蛇漸漸感到疲倦，獴趁著毒蛇不注意，一個箭步往毒蛇的頸部一咬。

若是獴不小心被毒蛇咬傷，也不必擔心，因為牠們天生對蛇毒有免疫能力。不過，在與蛇的搏鬥中，獴並不總是常勝將軍，基本上牠只對眼鏡蛇比較有法子，這是因為眼鏡蛇比起其他毒蛇動作較緩慢，毒牙也不夠長，所以總是栽在獴的嘴裡。

若是遇到其他較為敏捷的毒蛇，獴若自知不敵，應該考慮三十六計——走為上策！

相關單字

- 獴 mongoose
- 毒蛇 venomous snake
- 眼鏡蛇 cobra

真的有美人魚嗎？

海底世界多采多姿，許多奇妙的生物生活其中。童話裡流傳海中有一群上半身是人，下半身有鰭的美人魚，其中一個公主為了和人類的王子長伴，不惜與邪惡的巫婆打交道，結果產生淒美的愛情故事。過去，長年在海上生活的水手也曾言之鑿鑿，聲稱在海面看見美人魚，使得傳說更多了些可信度。海中，真有美人魚存在嗎？

科學家仔細研究，認為並沒有所謂美人魚，水手們看到的生物，應該是生活在海裡的儒艮。儒艮是海洋中惟一的草食性動物，分布在紅海、非洲東岸、波斯灣、澳洲與中國大陸等海草密布的地區。當水手們遠遠從海平面望去，頭部覆蓋著海草的儒艮就像是有著飄逸長髮的人類，難怪被誤認為美人魚。

儒艮是象的遠房親戚，牠們的上顎有一對長門齒。在遠古時期，牠潛入海中，從此與象分家。另外一種和儒艮同屬海牛目的是海牛，不過，儒艮屬於儒艮科，海牛則是海牛科，兩者的差別除了體色、尾鰭、嘴與牙齒之外，只有儒艮在休息時會把身體直立起來，浮出水面，因此儒艮被稱為美人魚。

▲ 海中的美人魚——儒艮。

稱呼牠們是美人魚，就人類的

立場而言，似乎是過於稱讚。牠們的游速不快，身材圓胖，身長從一點五公尺到四公尺都有，一天可以吃下五十公斤的海草。雌儒艮和人一樣，胸前有一對乳房可以哺育儒艮寶寶。當牠餵食寶寶時，是用一隻前鰭將小儒艮抱在胸前，另一隻前鰭繼續游泳划水，划出水面，讓小儒艮一邊吃奶，一邊呼吸。也因為這個動作，更為牠增添美人魚的色彩。

目前，儒艮在許多地區正面臨絕種，主要是人類大量獵捕；若不加以保護，恐怕再也看不到「美人魚」的蹤影。

相關單字

- 儒艮 dugong
- 美人魚 mermaid
- 海牛 manatee
- 海草 seaweed
- 鰭 fin

真的有獨角獸這種動物嗎？

在東西方的故事中，都曾出現獨角獸的蹤影，牠們被描述成一匹全身雪白的馬，性情溫馴，具有靈性，頭上那隻角具有神奇的魔力，角所磨出的粉末能治百病，服下後百毒不侵。牠出現的地方，就會有好運降臨，真是神奇的動物。現實中，真有獨角獸嗎？

知識補給站

1. 首次記載獨角獸的書籍是希伯來人的《舊約聖經》。
2. 歐洲中世紀貴族們對於一角鯨的角相當瘋狂，認為有解毒的功能。

有位希臘的歷史學家曾經詳細說明獨角獸的出處與來源，認為獨角獸生活在印度與南亞地區，是一種野生的驢；然而，也有人認為犀牛就是獨角獸，可是長相差太多。到目前為止，還沒有人真正看過獨角獸的模樣，因此，獨角獸基本上還是屬於神話與傳說的範圍。

事實上，真實的動物世界裡的確有一種類似獨角獸的生物，牠的頭上長著一根長長的角，不過，牠並非奔馳於森林裡，而是徜徉在深邃的大海中，這種哺乳動物叫「一角鯨」，是鯨豚類中相當特殊的一支。

▲海中的獨角獸——一角鯨。

一角鯨的近親是白鯨，牠們同樣生活在寒冷的北極海中，體型算是鯨中較小的一型，約四公尺到五公尺；可是，牠的「角」足足有兩公尺到三公尺長。牠的角，並不是長在頭部，而是牙齒特化而形成，因此，是從嘴向外長出。

牠的「角」呈逆時針螺旋狀。和鹿一樣，只有雄一角鯨才有這根大牙齒。雌一角鯨只有一根約二十公分長的暴牙，並不明顯。一角鯨這根長牙究竟有何作用，許多科學家一直在猜測，有人認為是武器。也有人認為是用來求偶的工具，真正原因仍待研究。

相關單字

- 獨角獸 unicorn
- 神話 fairy tale
- 一角鯨 narwhal

傳說中會吃「夢」的怪獸是什麼？

人類是富有想像力的動物，在日本的傳說裡，有一種會把夢偷走的妖精，牠的名字叫作貘。牠像蚊子吸血一樣把夢吸走，害人類失眠。不過，傳說歸傳說，現實世界裡，的確有貘這種動物。

貘是世界上最原始的奇蹄類動物，因此，素有活化石之稱。牠生活在美洲與東

▲ 馬來西亞國寶——馬來貘。

南亞地區。共有四種：馬來貘、山貘、拜爾德貘與巴西貘。牠與馬、犀牛是近親關係，同樣也是草食性動物。

貘能活到現在還沒絕種，實在是一項奇蹟，因為牠跑不快、跳不高，頭上既沒有長角，牙齒與爪子也不夠利。牠們的特徵就是渾身圓滾滾，有著厚厚的皮膚。馬來貘的後背還有一塊像貼了膏藥般的白色毛皮。牠們的視覺也不好，只能靠聽覺與嗅覺觀察四周的環境；若是遇到危險，貘就跳到水裡避難，伸出鼻子呼吸，直到敵人離去。這麼膽小的動物，怎麼可能把夢偷走？失眠的真正原因還是請教醫生吧！

相關單字

- 貘 tapir
- 奇蹄類 Perissodactyla
- 活化石 living fossil

國家圖書館出版品預行編目（CIP）資料

小小百科. 1, 動物星球 / 洪邦程編著 ; 蘇偉宇,
呂有財繪圖. -- 初版. -- 臺南市 : 世一,
2013.03

面 ; 公分

注音版

ISBN 978-986-193-848-6（精裝）

1.科學 2.問題集

302.2 102002396

小小百科① 動物星球

編　　著 / 洪邦程
繪　　圖 / 蘇偉宇、呂有財
封面設計 / 盧翊嘉
總 編 輯 / 林淑貞
執行編輯 / 熊美如、蔡慧娥、楊雅芳
美術編輯 / 郭高滋

發 行 人 / 莊朝根
出 版 者 / 世一文化事業股份有限公司
ACME Cultural Enterprise Co., Ltd.
登 記 證 / 局版臺省業字第83號
總代理發行 / 世一文化事業股份有限公司
地　　址 / 臺南市新樂路46號
電　　話 / 06-2618468（代表號）
傳　　真 / 06-2646349
郵　　撥 / 03880637（國內郵購金額若不足500元，請加附掛號郵資60元）
印　　刷 / 世一文化事業股份有限公司
E-mail / acme00@ms4.hinet.net
世一網路書店 / **www.acmebooks.com.tw**
世一幼教資訊網 / **www.acme0-6.com.tw**

2013年3月初版

訂書專線／06-2923077(代表號)